U0691125

法治人才培养创新研究

王静美◎著

中国原子能出版社

图书在版编目（CIP）数据

法治人才培养创新研究 / 王静美著 . -- 北京 : 中
国原子能出版社，2022.9
ISBN 978-7-5221-2173-4

Ⅰ．①法… Ⅱ．①王… Ⅲ．①社会主义法制－建设－
人才培养－研究－中国 Ⅳ．① D920.0

中国版本图书馆 CIP 数据核字（2022）第 191106 号

法治人才培养创新研究

出版发行	中国原子能出版社（北京市海淀区阜成路 43 号　100048）
责任编辑	杨晓宇　王　蕾
责任印制	赵　明
印　　刷	北京天恒嘉业印刷有限公司
经　　销	全国新华书店
开　　本	787 mm×1092 mm　　　1/16
印　　张	12.5
字　　数	217 千字
版　　次	2022 年 9 月第 1 版　　　2022 年 9 月第 1 次印刷
书　　号	ISBN 978-7-5221-2173-4　　　**定　价** 72.00 元

作者简介

王静美 女，汉族，山东东营人，中国政法大学人文学院法治文化专业博士，扬州工业职业技术学院马克思主义学院概论课程组党支部书记、课程组长。近年公开发表论文数篇，其中在 CSSCI、《中国人民大学复印资料》全文转载发表论文数篇，主持江苏省教指委高校思想政治理论课教学研究项目、扬州市党建理论研究院课题，参与江苏省高校哲学社会科学研究课题、校级课题研究项目等数项。参编改革规划教材《毛泽东思想和中国特色社会主义理论体系概论——教学案例》。2020 年荣获校级思政"战疫"授课比赛"特等奖"，2022 年获得校级教学技能大赛"一等奖"。

前　言

在全面依法治国新时代，国家治理现代化与新文科建设背景下的法学教育面临经济发展的新常态、法治建设的新发展、科学技术的新突破等新形势与新机遇和新挑战，现阶段我国的实际需求是培养出德法兼修的高素质法治人才。中国特色社会主义法律体系不仅要具有相同的法学知识体系、法律推理能力与法治实践技能，而且应当具备相同的法治理念、法治思维和法治精神。

传统的法学教育以培养司法人才为中心，教学方式方法单一，不能满足全面依法治国对高素质多元法治人才的需求，难以对接国家"一带一路"倡议及京津冀协同发展、粤港澳大湾区建设等国家重大战略。新时代德法兼修多元法治人才培养应立足中国国情和中国现状，超越传统的以培养司法人才为中心的固有思维，适应社会多元化法律职业的要求，培养特色化、类型化、差异化专门法治人才。

作为全面推进依法治国的基本内容和战略目标。在党的十九大报告中明确了应当将全面依法治国作为新时代坚持与发展中国特色社会主义基本方略的重要内容，并积极部署深化依法治国实践，这就为新时代法治人才培养提供了理论保障，明确了新时代法治人才的培养目标，也就是培养德法兼修高素质多元法治人才。

本书共五章，第一章为法治教育相关理论研究，主要阐述了四方面内容，分别为法学教育的发展，法治教育的本质和价值，法治教育的主体和方法，法治教育学相关研究；第二章为高校与法治教育探究，分别从四方面进行介绍，包括大学生的法治信仰，法治高校的理论审视，高校依法治校探究，高校法治教育实效性研究；第三章为法治人才培养要点分析，重点阐述了法治人才培养的目标，法治人才培养的理论基础，思政教育融入法治人才培养，复合型法治人才培养探究四方面内容；第四章为法治人才培养实践探索，包括四部分内容，分别为多元协同法治人才培养方式，法治人才培养模式创新研究，法治人才培养的课程体系，法治人才培养评价机制和保障体系；第五章为法治教学创新发展，包括法学信息化教学探究，法治课程教学优化，法学教育混合教学模式，法学教师教学质量提升。

在撰写本书的过程中，作者得到了许多专家学者的帮助与指导，参考了大量的学术文献，在此表示真挚的感谢。本书力求做到内容丰富新颖、系统全面，论述深入浅出、条理清晰，但由于作者水平有限，书中难免会有疏漏之处，希望广大同行和读者及时指正。

作者
2022 年 4 月

目　录

第一章 法治教育相关理论研究

法治教育概念是以法治概念为前提的。本章为法治教育相关理论研究，分别从法学教育的发展、法治教育的本质和价值、法治教育的主体和方法、法治教育学相关研究进行阐述。

第一节 法学教育的发展

通过对中国法学教育的历史进行研究，以及研究中国法学教育与中国的政治变革、经济发展、社会变化以及世界发展之间的关系，有利于弄清楚中国的法学教育即将走向何方，中国的法学教育怎样进行改革，等等难题。我们以时间为脉络分别从法学教育变革的历史背景出发，分析法学教育在古代、近代以及当代在法学教育目标、教学内容、课程设置、师资配备、教材建设等方面的综合变迁。

一、高等法学教育的发展

（一）中国古代的法学教育

中国法学教育足足有三千多年的历史，伴随着古代社会中的国家与法律等相关概念的产生，我国的法学教育就通过种种不同的形式展现了出来。最早在西周时期就出现了中国的法学教育[①]。值得注意的是，相较于现代的法学教育，中国古代的法学教育呈现出了十分明显的差异。在中国古代进行法学教育的时候更为重视对其中的"律"的教授，并且，在我国古代推行的法学教育体制为官方与民间并行的双轨制。因此，我们可以认为在古代的律学教育主要分为两种，一种是官方授学，一种是私学。在《吕氏春秋》中就记载邓析曾说过："与民之有狱者约，

---

① 徐显明. 中国法学教育状况 2006[M]. 北京：中国政法大学出版社，2007.

大狱一衣，小狱糯拷。民之献衣糯拷而学讼者，不可胜数。"①秦始皇一统天下之后为了更加方便自己的专制统治就需要确保天下间所有的律学只能通过官府进行传授，"若欲有学法令者，以吏为师②"。为了能够更好地对民众进行思想控制，秦始皇开始通过政令严禁民间出现私学，更是粗暴地扼杀了刚刚出现并开始逐步发展的律学私学。因为汉代所提出的"罢黜百家，独尊儒术"的方针政策，一举奠定了之后两千多年的儒学的统治地位，并且伴随着时间的发展律学也开始与儒学进行融合。需要明确的一点是，在西汉之后，不管是太学还是国子监都不够重视律学的发展，在一定程度上律学是依附在儒学上面存在的。就算是在宋朝，尽管在国子监当中设置了律学馆，但是并未设置相应的律学教师，徒有其名。伴随着明清时期的封建法治的进一步发展与完善，这就使得此时的律学可以在官方规定的范围之内产生需要的较为特殊的教育模式，我们将其称为幕学，很多时候人们也将其称为刑名幕友之学。

总之，中国古代的律学教育与现代意义上的法学教育有着很大的区别：第一，从教育的目的上，我国古代的法律教育是为让官吏更好地为统治者服务，让老百姓更好地接受统治者的统治。第二，若是从教育体制的方面看，可以明确地发现，法学最晚在公元7世纪的时候，就已经成为一门独立的学科，值得注意的是，尽管法学已经从大一统的儒家经典学科中进行了分离，但是，这种分离的效果只呈现在国立学校当中，在大部分的地方公立学校，仍然是单一学科。第三，从教育方法的角度上来看，中国古代的律学教育更偏向于一边进行实践一边进行学习的个别教育，学习者若是想要获取更多的律学知识，大多数需要进行经验的积累。第四，在教学师资上，部分机构不但需要进行判案断狱，还需要承担着律学教育的作用。第五，从教学内容上看，由于法律儒家化的影响，中国律学教育的内容多为儒家经典中的涉及法律的部分，就算是我们现在看来有着十分深远影响的著名的古代法典，比如《唐律》《明律》，都是基于儒家的价值观念进行制定的，其中的各项基本制度也全都是儒家价值评判的产物。第六，在教育地位上，法学教育在国家教育中的地位很低，与算学、医学等一同列入技能教育之列。由此可见，不论是教育的目的、方法，还是教育的师资和内容，我国古代的律学教育都不具

① 汤能松，张蕴华，王清云，等. 探索的轨迹——中国法学教育发展史略 [M]. 北京：法律出版社，1995.

② 徐卫民. 秦始皇本纪 [M]. 西安：西北大学出版社，2019.

有独立的教育地位，并非现代的职业化的法学教育。而且，我国古代皇权专制的政治体制之下也难以产生现代意义上的法学教育机制，只可能存在这种非独立的、为皇权服务的律学教育。这种教育机制对于积累官吏的治理经验无疑有着一定的作用，但是，毕竟这种教育不可能遍及社会大众，具有其不可克服的局限性，不可能承担起现代法学教育传播知识、为社会培养有用人才的重任。

（二）中国近代的法学教育

值得注意的是，我国的近代法学教育的出现时间为清末，借助于维新派发动的维新运动，众人对当时的教育进行了深入的改革，成功废除了科举制度，还基于近代的教育理念创建了众多的学校。对历史进行深入研究之后可以发现，当时的最高的教育机构就是学堂。在当时我国出现的第一批的学堂当中有几所十分著名，比如天津的北洋大学堂与上海的南洋大学等，根据当时的这些学堂的创建章程与教育情况进行分析，可以明确地一点是，不管是哪一所学堂，在管理与学制等方面都受到了日本明治维新的影响。在当时所教授的科目当中，少部分为经学相关的传统科目，大部分为对近代科学进行教学的课程。在 1902 年，光绪颁布了《钦定高等学堂章程》，通过对当时所创办的诸多学堂的章程进行分析，可以明确的一点是中国最初的高等教育在多个方面对日本的教育制度进行了较为明显的模仿，但是已经隐隐能够看到我国的现代高等教育的雏形，其本身也存在诸多的现代高等教育的各种要素。在 20 世纪初年，教会大学开始在中国逐步发展，这就直接影响到了中国的大学构建的模式，已经逐渐从之前对日本模式的模仿，转变成为效仿美国模式。伴随着中国高等教育的萌芽与发展，法学教育也水涨船高。

在 1860 年经历了第二次鸦片战争的清政府开始正式设立总理各国事务衙门，其主要职能就是对各项外交事务进行处理。但是值得注意的是，在当时大部分官员十分缺乏翻译人才，这就促使洋务派在 1862 年正式设立京师同文馆。其中最初的主要授课科目为外国语言，经历了之后的发展，陆续增设了与自然科学、社会科学等有关的课程。在 1846 年，京师同文馆出版了第一本译著——《万国公法》，并于 1867 年专门设置相应的课程进行讲授，从而为我国培养专业的国际化的法律人才。中国近代的法科专业最早是在 1895 年的天津中西学堂被设立的，当时被称为律例学门，这一专业的学生的学制为 4 年，修习的课程为英文、几何学、格致学、物理学、天文学、富国论、法律通论、罗马律例、英国合同法、万国公法、商务律例等。1899 年第一批学生正式毕业,这是我国自主培养的第一批的法学毕业生。标志着我国近代正规的法学教育的兴起的最有代表性的事件就是在 1904 年的直隶法政学堂的建立,并且,在这之后又陆续创办了京师法政学堂、广东法政学堂、湖南法政学堂等。

到了 1909 年,经过统计发现,我国的法政学堂一共有 47 所,接受教学的学生主要有 12 282 人,进行比例换算可以发现,法政学堂数量一共占据总学堂数量的 37%,接受教育的学生数量占据全国的学生数量的 52%。在当时,为了更好地进行立宪,政府十分迫切地需要大量的法政人才,这也在一定程度上影响到了普通高等法学教育的发展。"法政专门学堂之设,意在造就通晓法政人才,其功课以切于实用为主[①]"。在当时的法政学堂招收学生的时候主要招收候补候选官员,并且在 1860 年之后,当时的政府决定派遣部分留学生到国外学习法律知识,并且还在当时一些较为著名的综合性大学中设置法科。值得注意的是,法政学堂本身并不是面向普通人的学历教育,而是对一些已经入职的文官进行的法律培训。在当时的众多法学方面的教学都是借鉴的日本的教学内容,经过后人的统计与研究可以明显地发现,当时的众多法学院校仅有两门本国的法律课程,其余的全是日本的法学课程,甚至于当时的众多学校还聘请了众多的日本人作为教学的教师。总的来说,清末的法学教育具有以下几个鲜明的特点。

第一点,从办学形式上来看,当时推动法学教育发展的主导者是清政府与地方,而且它们也还是办学的主体。但是值得注意的是,在清末法学教育不再被官方所垄断,出现了很多民办或中外合资,抑或者是由外国人独资创办的多样化的办学体系。

第二点,法学教育呈现多层次与多元化,在法学教育当中,不但有大学堂法政大学的法律科,主要用来培养通识人才。也有高等学堂与法政学堂正科、专科等,主要用来培养应用型的职业人才。

第三点,从教学模式上看,当时在引进西方近代资本主义法学教育模式的过程中,主要模仿英美的法学教育模式、欧陆模式和日本模式。其中,实行英美模式的学校主要有京师同文馆、天津中西学堂法律科和山西大学堂法律科;实行欧洲大陆模式的学校主要有南洋公学政治特班;采取日本模式的教育机构主要有京

[①] 张耕. 中国政法教育的历史发展 [M]. 长春:吉林人民出版社,1995.

师大学堂法政科和各类法政专门学堂。

第四点，当时的众多法学相关的教育主要依靠外聘的欧美或者日本的教师，并且，当时的政府也在坚持向国外派遣留学生学习法学，待到这些人学成回国之后有不少人在不同程度上参与到了法学的教育当中。

第五点，在当时进行法学教育的时候，主要依靠对日本进行借鉴以便完成课程设置，并且还将直隶法政学堂章程规定的课程作为蓝本，并将成果推广至全国所有的高校的法学教学当中，接受法学教育的学生主要学习宪法学、行政法、各国商法——大清会典与大清律例等。

第六点，在进行学制的设置的时候，存在着多种情况，不仅有五年或三年的正科，也存在着一年半或者两年的速成科以及一年的讲习科与繁杂丰富的进修班。

清末的法学教育一方面吸收外国的师资、教学模式，采取多元化的教学形式，为当时的发展培养了一批法律人才，促进了中国近代法学的发展，也为之后我国的法学教育的发展奠定了坚实的基础，但是值得注意的是，当时所采用的法学教育并没有结合本土的国情，功利主义的思想倾向过于浓厚，有盲目地崇洋媚外的嫌疑。并且，因为我国并不存在与西方社会相似的浓郁的法治传统与法治文化氛围作为法治教育的基础，甚至于还长时间处于较为严峻的内忧外患的情况之下，这就导致现代法学教育本身并没有在中国得到良好的推广与发展。

（三）南京临时政府、北洋政府、南京国民政府时期的法学教育

在中华民国的短暂掌权的时间里，蔡元培担任国家的教育总长，始终坚持并鼓励发展高等教育，并且颁布了众多与这一决策相关的政策，就比如《专门学校令》《大学令》等，甚至于蔡元培先生还依据《大学规程》对道学教育中的各种学科进行一个较为明晰的分类，分别为文科、理科、法科、商科、医科、农科和工科，其中以文理二科为主。

在袁世凯统治的北洋政府时期，中国的法学也算是较为热门的专业，经过统计，不管是全国院校的学生总数还是综合性大学的学生总数当中，法科的学生数量所占的比例都是最高的，通常情况下，可以占据 50% 左右。经过研究总结发现，在这一时期，中国的法学教育主要呈现以下几项特点：第一点，中国的法学教育与所从事的法律职业之间存在着直接关联。按照当时的规定，从当时的法政学堂经历了法学教育的毕业学生，都可以直接获得司法官或律师资格。第二点，当时

的课程结构与教学内容更为重视部门法，法学教育内容偏向应用法学。第三点，当时的法政学堂数量过多，致使当时的法学教育泛滥，从而在一定程度上导致当时的法学水平一直处于低水平。第四点，当时的私立法学院掣肘较少，得到了较大发展。

在1929年颁布的与大学相关的两个法规分别是《大学组织法》与《大学规程》，其中规定大学主要有四种存在类型，分别是国立、省立、市立与私立。在大学内部可以设置法学院，而且法学院也可以细分为法律、政治、经济、社会学及其他各系，在当时的法学教育存在着较为齐全的层次。值得注意的是，当时政府中的司法政府有着对法学院系进行审批的权利，其审批方式十分严格，仅在1931—1940年之间就有两所法学院系被取缔，一时间，法学成为"官学"，在当时，政府之所以支持法学教育就是为了能够更好地培养法律职业的高级人才，并且有关部门还对当时的法律职业资格考试制度进行了强化。与此同时，法学教育也在为培育公务员进行着准备，因为有了教学经验的缘故，这一时期的法学教育中使用的专业的课程结构被深入地进行了调整与优化，对日本与欧美进行了"取其精华，弃其糟粕"的借鉴与模仿，最终形成了将"六法全书"作为核心的课程体系，并依据于此形成了两种法学教育模式，即为将法律实务作为重点的模式与重点偏向理论研究的模式。在不算短的时间里，法学教育得到了很大程度上的发展，甚至于还培养出了一些有着实际影响力的法学家，这些人为了我国的法学教育还出版了诸多有影响力的教材与专著，就比如王世杰的《比较宪法》与程树德的《九朝律考》，等等。

总之，尽管这三个时期的法学教育仍然主要是为统治阶级服务的工具，但是这一时期尤其是南京国民政府时期的法学教育，兼顾吸收两大法系（侧重于英美法系）法学教育和法学理论的优点，而且与法律职业紧密联系在一起，对我国现代法学教育模式的发展起到了促进作用，特别是对目前中国台湾地区的法学教育有着直接的影响。

（四）中华人民共和国法学教育的创立、发展与繁荣

关于我国的法学教育的发展阶段划分，学术界存在着以下几种观点。第一种观点认为应当分为五个阶段，分别为1949—1957年的初步发展阶段，1957—1966年的挫折阶段，1966—1976年的全面破坏阶段，1978—1993年的迅速恢复

阶段，以及 1993 年之后的全面发展阶段；第二种观点认为应当分为五个阶段，分别是 1949—1956 年的引进初创阶段，1957—1965 年的遭受挫折阶段，1966—1976 年的全面摧残阶段，1977—1991 年的恢复重建阶段，以及 1992 年之后的改革发展阶段；第三种观点认为应当分为四个阶段，分别是 1949—1956 年的形成初创阶段，1957—1976 年的停滞挫折阶段，1977—1991 年的恢复发展阶段，1992 年至今的改革开放阶段。还有一种观点认为，我国的法学教育应当只经历了三个阶段，分别为 1949—1966 年的法学教育政治化阶段，1966—1976 年的法学教育虚无化阶段以及最后的 1977 年至今的法学教育的迅速发展阶段。通过对以上四种对法学教育的划分方法进行归纳总结之后可以发现其中存在着较为明显的差异，但是值得注意的是这几种划分本身存在着异曲同工之处，并没有太大区别。我们在此依据"四阶段说"对中华人民共和国法学教育的初创、停滞、恢复发展和逐步繁荣的历程进行阐述。

1. 初创阶段（1949—1956）

在 1949 年的 2 月，中共中央就已经明确地颁布相关文件以传递废除原来的国民党所颁布的"六法全书"，并通过中国中央审校通过的人民的新的法律作为法律依据。伴随着这一历史事件的发生，无数旧的法学教育被新的以马克思主义法学理论为指导的法学教育所取代，为了建设我国的法学教育模式，我国开始学习苏联。在 1954 年，高教部明确规定了中国人民大学应当对所编译的苏联的法学教材进行校阅，以便能够更好地推荐并被众多高校所使用。在 1952—1956 年之间，中国所翻译的法学教材与法学译著就高达 165 种，在这之中有着 80 多种是我国众多高校与中等专科学校的教材。在当时，我国的法律相关的教学内容都是将苏联的法学作为基础的，十分强调苏联法学的优越性，尽管在 20 世纪 50 年代后期，我们对苏联自身的一些法学理论与制度进行了批判，但是不得不承认，苏联法学对我国的法学教育存在着十分深远的影响，一直到今天都未曾消除。在我国成立初期，曾经对苏联的法学理论进行了大规模的照搬照抄，这就导致了后来我国的法学教育出现了教条主义盛行的情况，也因此划定了很多的不可逾越的禁区，甚于还对我国的法学教育的本土化造成了十分不利的影响。

在这段时间里，中央开始逐渐接手诸多旧大学政法学院，并对其进行一定程度上的改造，使其向着预想的方向进行调整。在 1952 年中央进行的调整主要是

为了重点培育工业建设方面的人才与师资，不仅对专门的学院进行了发展，而且重点对综合性大学进行了整顿与加强，由此最终形成了3院11系的高等法学教育院系格局。直到1953年的暑假，教育部又对旧有的大学进行了调整，使其不再庞杂低效，适当增加并加强了工业学校，不仅设立了诸多合适的师范学院，还重点增强了相应的师资。

在中华人民共和国成立初期，我国的政权需要及时进行巩固，国家就将开展法学教育作为突破口。要开展法学教育首先需要对党员干部进行重点的培训，于是我国在那些年先后成立了众多的干部学校对所有的党员干部进行干部教育。中央对在职司法干部进行多次短期的轮训，以培养专政人才和掌握刀把子的人才。但是，这一时期的在职法律培训和高等学校的法学教育都过分强调学员的政治素质，忽视了法学专业水平和职业能力的培养和训练，将司法人员等同于一般的政府公务人员，可以说，这一时期的法学教育依附于政治教育，没有自身的独立性。

2. 停滞时期（1958—1976）

直到1957年之后，我国的法学教育开始逐渐下滑，不但学校里的教师与学生的数量不断地减少，与法治相关的教学与研究已经出现了诸多的思想禁区。到了1958年的9月19日，我国开始了全国系统的教育改革，对政法院校再次进行调整，各校招生规模逐步下降。在这段时间里，我国主要倡导学生通过半工半读的形式学习，除此之外，政治运动与劳动占据了当时的教师与学生的大部分时间。而且，在教学内容上，政治理论学校占据了大部分学习时间。因此，在教学课程设置上，政治理论课的比重占据半数以上，法律专业课被压缩取消，1955年教学计划中专业必修课21门，1959年、1960年教学计划中专业课仅仅保留了7门。在当时，几乎所有的法学课程都被政策课程所取代，几乎所有的政策课程的教学内容都是对旧法进行批判并对新法进行宣传。在教学师资上，仅仅从1957年的夏天到1958年的春天就已经有一大批的干部、教职工、大学生等大规模地离开了全国各级教育行政机关与各级的学校。

在1962年，我国颁布了《中华人民共和国教育部直属高等学校暂行工作条例（草案）》，1963年全国政法教育工作会议纠正了1957年以后的一些错误做法，其后，一些学校组织编写了一批法律专业教材、制订了教学方案，招生规模也有所回升，但是，法学教育仍然未再有机会振作发展。

自 1966 年，我国所有的专门的政法院校已经不再进行招生工作。直到 1970 年，相关学校才重新开始进行招生复课。在 1971 年，中国人民大学、湖北大学以及四所政法学校全都被撤销，部分政法相关的院校也处于停顿瘫痪状态。在这段时间里，校舍被占用，教师被遣散。经过统计，可以发现在 1971 年至 1976 年之间六年的时间里，我国政法相关的院校一共招收了法学专业的学生共 329 人，这个数字仅仅占当时那段时间里全国的在校大学生人数的 0.1% 以下。

3. 恢复发展阶段（1977—1991）

我国在 1977 年的秋天恢复了高等学校的招生统一考试制度，在很大程度上帮助了我国重建法治教育并培养法学相关的人才，从而更好地为我国的社会主义法治建设添砖加瓦。值得注意的是，为了更好地弥补我国的法律专业的人才缺口，我国不但恢复了普通高等院校的法律专业的招生，还重点发展了成人法学教育，甚至于我国还允许部分复转军人与一些没有接受过法学教育的人进入我国的司法队伍当中，为了让这些人接受法律培训，1980 年，中央、省级和地方政法干部学校组成的三级培训机构对这些人进行轮训。此外，我国从 1981 年开始大力推进学历教育，主张通过多层次、多方式的法学教育为我国培养一大批能够为我国的法律事业添砖加瓦的法律人才。

我国在 20 世纪 80 年代初期通过各种方式引导并促进我国的法学教育的发展与法律相关的人才的培养，但是需要注意的是，这一系列的方法并不能够有效解决当时我国的政法人才稀缺与从业人员素质低下的问题。在 1983 年之后，我国不但重视对普通高等法学教育的有效推进与大力发展，而且我国的教育部与司法部也比较重视开展多层次、多形式的办学模式，主张兼顾全日制教育与业余教育，不但确保大学本科的稳步发展，也大力发展大专与中专的办学，并坚持对在职干部进行培训。截至 1990 年，我国已经毕业的法学硕士及以上程度的人数为 219 615 人。此外，成人教育、职业教育也得到长足的发展，而且，成人教育中的专科生人数远远超过本科生人数。

4. 逐渐繁荣阶段（1992 年至今）

1992 年后，邓小平同志南方谈话和党的十四大提出建立社会主义市场经济的目标。同时，中央对高等教育，特别是对法学教育提出了新的要求：一是数量要增多，二是质量要提高。1995 年，全国法学教育工作会议明确提出，法学教育的培养目标是为社会各个领域培养复合型、应用型、外向型的通用人才。当时，中央认为法学教育现存的主要问题之一就是法学教育的规模不适应新时期经济、社会发展和民主法治建设对法律人才的需求。在这一历史背景下，法学教育的大发展则成为时代的要求。20 世纪 90 年代法学教育必须保持适当高等教育平均发展速度，使办学规模有较大发展。1997 年党的十五大明确了实施"依法治国""建设社会主义法治国家"的治国方略，并写进了宪法修正条款，社会主义法治建设和法学教育事业获得了飞速发展。1999 年，国务院决定扩大高等学校教育规模，使我国高等教育的毛入学率 2010 年达到 15%，实现高等教育由精英化向大众化的转变。在这一方针的指引之下，我国法学教育的规模飞速发展，法学院（系）已遍及综合性大学和财政、师范、工科、医科、农科各类专门性大学。

此外，法学职业教育和成人教育逐步发展。到 2004 年，我国成人高等学校法学专业在校本科生人数为 9458 人，专科生人数 40 390 人；普通高校成人法学专业在校本科生人数为 130 313 人，专科生人数为 87 826 人；网络学校成人法学专业在校本科生人数为 264 894 人，专科生人数为 189 085 人。在这一时期，由于人们逐渐认识到，法学教育是高层次教育，《法官法》《检察官法》《律师法》等都将司法人员入门的条件调整到大专以上学历，所以，曾经在 20 世纪 80 年代发展起来的中专层次的法学教育逐步取消，形成了高等法学教育与高等法律职业教育合理布局、协调发展的法学新格局。同时，曾经在 20 世纪 80 年代为了提高在职政法干部学历而备受重视的法学专科教育不再成为法学教育的重要学历层次，本科层次成为普通高等法律院校教育的基本层次。

在这段时间里，法学教育的师资队伍得到了一定程度上的发展与进步，直到 2005 年，各类高校中的法学教师已经多达 4 万多人。我国在对各高校内的法学课程进行设置的时候十分重视进行向好的改革，通过对国外的一些发达国家的法学教育模式进行借鉴与模仿使得自己能够获得长远的进步。值得注意的是，现阶段的很多学校也在要求教师依据自身的教学兴趣与现阶段的国家法治等因素进行与法学相关的选修课的开设。也正是在这段时间里，司法部与教育部分别对多套法学相关的教材进行组织编写，并且还对法学相关的优质教学教材进行了多次评选活动。在 1997 年，教育部已经确定了 14 门主干课程，教育部的高等教育司又通过进一步地统筹与规划，组织编写了《全国高等学校法学专业核心课程教学基本要求》以及 14 门主干课程的教材。为了能够更好地进行教学的推进，众多法律院系或者法律类的出版机构已经开始自行组织编写适用于法学本科生的专用教材与适用于法学研究生的教学参考书。简而言之，通过对法学教材的精益求精的建设，使得我国的法学教育得以进一步发展，也在一定程度上有效促进了接受法学教育的学生的素质的提高，但是需要注意的一点是，现阶段我国的法学教育的相关教材本身质量并不尽如人意，存在着粗制滥造、过于重视注释法条等问题，这就需要我们不断地对其进行完善。

在这段时间里我国还对《法官法》《检察官法》《律师法》进行了修改，而且确定并推行了由国家组织的统一司法考试，伴随着多年来我国的司法考试的施行以及相应的司法考试制度的推行，使得我国的法学教育与法律职业之间出现了深层次上的联系，对我国的法学教育产生了深远的影响，因为司法考试的推行，使得我国的一些高校直接将与司法考试相关的法学科目作为了日常教学当中的核心课程，教师还会有针对性地对一些法学相关的知识点进行培训，甚至于部分高校会将司法考试的通过率作为教师教学效果的评价指标。并且，在我国所推行的统一司法考试的制度之下，出现了众多的主要进行短期培训的司法考试培训教育机构，这些教育机构的出现在一定程度上补全了部分高校的法学教育的不足。

二、普法教育的发展

普法教育是指负有普法教育责任的组织对我国一切有接受教育能力的公民实施的，旨在普及法律知识、传播法治理念、树立法治信仰的教育。这种教育不论从对象、目的、内容上，都与高等院校法学教育、法律职业教育有所不同。从 1986 年以来的 30 余年里，我国进行了七次普法教育，宣传了党的民主法治建设方针与思想、依法治国的基本方略，初步实现了历史性转变，即从对一切有能力接受教育公民的启蒙教育到以提高领导干部依法决策、依法管理能力为重点的全民法律意识的转变；由单一普及法律条文向全方位推进依法治理的转变；普法依法治理工作由虚变实，由弱变强，向制度化、规范化、法治化的转变。

（一）"一五"普法

我国 1986—1990 年开展的首次普法教育的目的是，在这段时间里，有计划地对接受能力强的公民进行普法教育，并逐渐扩大范围进行推广，直至使得这一活动制度化、经常化。在进行普法教育的过程当中，最为主要的普法对象就是政府中的各级干部与青少年。普及法律常识的内容，以《宪法》为主，包括刑事、民事、国家机构等方面基本法律的基本内容，以及其他与广大干部和群众有密切关系的法律常识。各部门还应当着重学习与本部门业务有关的法律常识，各地区还可以根据需要选学其他有关的法律常识。普及法律常识的重要阵地是学校。应当在各类学校当中设立法治教育相关的课程，或者是在部分与法治相关的课程当中融合合适的法治教育的内容，通过完备的教学计划，使得法治教育、道德教育、思想政治教育三者之间进行有机结合。全国人大常委会关于第一个五年普法教育的决定还要求，要编写简明、通俗的法律常识读物，紧密联系实际，采取多种形式，进行普及法律常识的宣传教育，努力做到准确、通俗、生动、健康。要扎扎实实，讲求实效，防止形式主义。

在当时，我国为了能够更好地建设社会主义就需要将法律交付给广大的人民群众进行掌握，由此就能够更好地发展社会主义民主，也能够对社会主义的法治加以健全，使得我国的广大人民群众能够知法、懂法、守法，并树立起正确的法治观念，遇到问题可以通过使用法律武器保障自身的合法权益，广大的人民群众要有意识、有决心与一切出现在我国的违反宪法与法律的种种行为作斗争，积极保护自身的合法权利，对宪法与法律的实施加以维护。通过对人民群众进行法治观念的宣传教育，能够有效在群众当中普及法律知识，保障人民权益，从而加强社会主义法治，确保国家的长治久安，除此之外，还能够有效促进社会主义的物质文明与精神文明建设，成功实现我国在新时期的奋斗目标与总任务。

对所有有能力接受教育的公民所进行的第一个普及法律常识五年规划，初步恢复了法律的权威地位，号召整个国家依法办事、讲法治，初步完成了对全民族的法律启蒙教育，广大公民初步填补了法律知识的空白，广大干部初步树立起了依法办事的观念，促进了各项事业的依法管理，形成了普法事业的良好开端。

（二）"二五"普法

1986—1990 年开展的首次普法教育虽然取得了明显效果，但是，距离我国法治建设的需要还有相当大的差距。为了加强社会主义民主法治建设，国家认为有必要在认真总结第一个五年普法经验的基础上，从 1991 年起，实施普及法律常识，加强法治宣传教育的第二个五年规划，有效促进广大干部群众法治观念的进一步提高，保障宪法和法律的实施，坚持依法办事，促进依法治国和依法管理各项事业，为国民经济和社会发展十年规划和八五计划的顺利实施，为改革、开放创造良好的法治环境，促进国家的政治稳定、经济振兴和社会发展。

实施法治宣传教育的第二个五年规划，以宣传、学习《中华人民共和国宪法》为核心，普及《中华人民共和国行政诉讼法》《中华人民共和国义务教育法》《中华人民共和国集会游行示威法》《中华人民共和国国旗法》《中华人民共和国婚姻法》《关于禁毒的决定》《关于惩治走私、制作、贩卖、传播淫秽物品的犯罪分子的决定》等法律的基本知识，同时要有针对性地选学民事的、刑事的和国家机构的基本法律的有关内容，以及与本部门、本单位的工作密切相关的经济等方面的专业法律知识。

第二个五年法治宣传教育的重点对象是各级领导干部、执法干部、宣传教育工作者和青少年。高级干部更应带头学法、守法，依法办事，为全国人民作出表率。第二个五年法治宣传教育从培养新一代社会主义事业接班人的高度，要求在大、中、小学以及其他各级各类学校，设置法治教育必修课程，编好大、中、小学不同水平要求的课本，充实法治教育内容并列入教学计划，切实加强对在校学生的法治教育。要在第一个五年普法的基础上，进一步改进和完善学校的法治教育，努力实现法治教育的制度化，切实提高青少年学生的法律素质，增强他们的法治观念。

（三）"三五"普法

我国的法治宣传的教育工作持续了很长时间，有效地提升了我国民众的法律素质，在一定程度上为社会主义的民主与法治建设提供了助力，为我国的改革开放与社会主义现代化建设事业的发展发挥着积极的作用。为了能够更好地适应建立和完善社会主义市场经济体制的需要，我国在 1996—2000 年开始了第三个五年计划，并在此期间加强了法治宣传教育，从而有效促进国民经济与社会发展"九五"计划和 2010 年远景目标纲要的实现。通过不断地深入开展法治宣传教育，使得我国的公民的法治观念与法律意识得到了进一步地增强，除此之外，还有力地提升了各级领导的依法办事与依法管理的水平与能力，在执行公务的时候能够做到有法必依、执法必严、违法必究，坚持依法治国，有效推进社会主义法治国家的建设。

实施法治宣传教育的第三个五年规划，要求一切有接受教育能力的公民都应当接受法治宣传教育，努力学习宪法和有关的法律知识，做到知法、守法，依法维护国家、集体和个人的合法权益。各级领导干部特别是高级领导干部应当带头学习宪法和法律知识，模范遵守宪法和法律，严格依法办事，做到依法决策、依法管理。各级各类干部学校应当将法治教育作为干部教育的必修课程。各部门、各地方要把是否具备必要的法律知识和能否严格依法办事作为干部考试、考核的一项重要内容。司法机关、行政执法机关的执法人员应当根据工作需要，参加法律知识培训，熟练掌握和运用与本职工作相关的法律、法规，提高自身法律素质，依法履行职责，做到依法行政、公正司法。企业事业单位的经营管理人员应当把掌握社会主义市场经济的法律知识作为必备的素质，并结合本单位实际学习有关的法律、法规，做到严格依法经营、依法管理，自觉遵守市场秩序，维护社会公共利益。青少年应当具备必要的法律知识。大专院校、中学（包括中等技术学校）、小学都应当开设法治教育课。基层组织应当抓好社会青少年的法律常识教育。

"三五"普法相比"二五"普法而言，所处的时代背景不同。"三五"普法与我国国民经济和社会发展的九五计划同步，因此"三五"普法提出的总体目标中，除了宪法和其他基本法律外，加入了在全体公民中深入开展社会主义市场经济法律知识内容的宣传教育。"三五"普法期间，在党的十五大会议上正式提出了依法治国，建设社会主义法治国家的基本方略，该基本方略在随后也被写入宪法。"三五"普法不再仅仅局限于"二五"普法所追求的依法治理的目标，重点推行依法治国的方针策略，从而更加深入且有效地建设社会主义法治国家。

（四）"四五"普法

自从 1986 年开始，我国已经实行了三个五年法治宣传教育的规划，在长期的普法当中，有效地增强了我国公民的法治观念，并且现阶段社会当中的各项事业的依法治理的工作也在有条不紊地进行着，在保障我国的改革发展的稳定的基础之上，有效地促进了依法治国的基本方略的施行，且发挥出了十分重要的作用。值得注意的是，为了能够更好地推行"十五"计划，确保我国政府能够有效推进社会主义民主与法治建设，应当积极实施关于法治宣传教育的第四个五年规划。

要深入贯彻落实法治宣传教育的工作，积极推进依法治理的工作，有效提高我国的公民的法治素质与社会整体的依法管理的水平，坚持有法必依、执法必严、违法必究，切实地保障我国社会的经济发展与社会当中的各项事业的顺利且健康的发展。

"四五"普法规划，主要任务就是要求全体公民应当对宪法进行深入地学习并积极地宣传，由此更好地强化全体公民的宪法意识。通过开展各种与宪法相关的宣传教育的活动，更好地增强公民的遵纪守法与依法自我保护的意识。通过对我国的各种方面的法律法规进行宣传，有效地增强了公民与社会中出现的各项犯罪行为作斗争的自觉性，更好地营造了良好的法治环境。在坚持推行依法治国的过程当中应当积极促进其与道德的有机结合，使得法治教育与思想道德教育能够有机结合，更好地促进了社会主义民主法治建设与精神文明建设和物质文明建设的协同发展。

"四五"普法的对象是全体公民，重点增强法治教育，严格要求政府中的各级领导干部在学法、守法、用法当中起到带头作用，有效增强法治观念，在进行工作的时候真正做到依法处理。从事司法工作的人员应当对于本职工作相关的各项法律法规进行深入地学习与掌握，真正做到公正司法、依法行政，坚决维护法律的尊严，积极维护公民的合法权益。法治教育要从青少年抓起，积极为青少年开展合格的法治教育，使其能够在九年制义务教育的时间里真正学习并掌握我国公民都应当掌握的基本的法律知识。

"四五"普法的主要任务就是严格落实依法治国、建设社会主义法治国家的基本方略，并对那些与我国公民的日常生活工作密切相关的基本的法律知识进行学习与宣传，以便能够更好地提高我国公民的法律素质。由此，我国的"四五"普法规划正式确立了工作目标，分别为两个转变与两个提高，具体来说就是积极地推动我国全体公民的法律意识向着全体公民的法律素质的转变，并且需要重视全面提高我国公民尤其是各级的党员领导干部的法律素质；不断抛弃旧的、传统的只依靠行政手段进行管理的方式，转变为重视依靠法律的手段进行管理，由此就能够持续性地提高我国社会整体上的法治化管理水平，使我国的普法宣传教育工作从学法型向用法型转变，国家各项事业逐渐步入法治化轨道。同时将我国宪法的实施日——12月4日，确定为第一个"全国法治宣传日"。

（五）"五五"普法

我国的第四个法治宣传教育五年规划是从 2001 年开始的，以宪法为核心的法律知识得到较为广泛的普及，人民群众的法律意识逐步增强；依法治理工作深入开展，各项事业的法治化管理水平逐步提高。为了适应构建社会主义和谐社会和全面建设小康社会的新形势，全面贯彻科学发展观，落实国民经济和社会发展"十一五"规划的新要求，促进依法治国基本方略的实施，有必要从 2006—2010 年在全体公民中组织实施法治宣传教育的第五个五年规划。2006—2010 年，我国开始实施第五个五年法治宣传教育规划，又称为"五五"普法。

在这次的普法当中需要重点对宪法、与经济社会发展相关的法律法规、与群众生产生活密切相关的法律法规、促进社会公平正义的相关法律法规等法律法规进行深入的学习与宣传，坚持普法与法治实践相结合、大力开展依法治理、组织开展法治宣传教育主题活动。

"五五"普法规划提出，法治宣传教育的对象是全体具有接受教育能力的公民。众多的公民应当有机结合自身的学习、生活与工作，自觉学习法律，维护法律权威。还应当重点对党员干部、青少年、农民、公务员等人群进行更加深入的加强版的法治宣传教育。

（六）"六五"普法

1986 年开始，党中央宣布全国普法开始，每五年为一个制定周期。2011 年，是实施"十二五"规划的开局之年，也是实施"六五"普法规划的启动年。国家发展改革委在北京召开全国发展改革系统"五五"普法总结表彰暨"六五"普法动员电视电话会议，正式启动"六五"普法工作，要求各级发展改革和物价部门要普治并举，加快推进依法行政。"六五"普法规划确定了法治宣传教育的十项主要任务。这十项任务的完成对我国社会主义民主法治建设有着重大意义。"六五"普法规划中加强社会主义法治理念教育，继续开展法治城市（区、县）创建，做好法律六进活动，提升法治文化的作用，开展与民生、维护社会稳定相关的法律法规的宣传，创新宣传的形式和载体，建立配套考核验收机制，落实督察责任制，深入全民开展形式多样的法治宣传教育活动。通俗地说，就是给公民普及一些法律知识。

（七）"七五"普法

"七五"普法指的是在我国公民中开展的关于法治宣传教育的第七个五年规划，为了实现依法治国的方针策略就需要始终坚持对全体公民进行普法，使其能够守法，这是一项长期性、基础性的工作。

深入贯彻落实党的十八大与十八届三中、四中、五中全会上的精神的主要任务，积极面向全国公民开展法治宣传教育，以确保能够有效实施"十三五"规划，有力地保障全面小康社会的建成。

在我国的任意地区的经济社会发展规划当中都重点考虑了法治宣传教育，这是各级的党委与政府都应当重视的任务，以便能够更好地对我们所推行的法治宣传教育工作领导体制进一步地发展与完善，从而保证"七五"普法规划当中确定的种种目标任务能够得到切实的落实与有效的实施。需要始终坚持党员领导干部应当在学法、用法等方面起到领导作用，还应当落实与法相关的对领导干部进行衡量的评价标准，有力地推行提高领导干部的法治思维与法治方式的深化改革，确保其能够拥有推动发展、化解矛盾、维护稳定的能力。对于我国国民的法治教育应当趁早，可以从青少年开始引导其能够对法律相关的知识进行掌握，并为其树立起法治意识，使其能够养成良好的守法习惯。通过法治宣传教育与相关的法治实践的有效结合，开展法治相关的法治创建活动能够更好地促进法律与道德之间的有机结合，使得两者相辅相成，共同进步。若是想要更好地增强法治宣传教育的效果，可以建立起合适且完善的、健全的普法宣传教育机制，实行普法责任制，并为媒体建立相应的公益普法制度，还应当积极推动相关宣传工作的有效创新。通过对法治宣传教育的不断深入，就能够更好地对法治相关的知识进行传播，更好地弘扬法治精神，为社会建设相关的法治文化，有效推动我国社会树立起相应的法治意识，促进"十三五"规划的顺利实施，在很大程度上为之后的全面建成小康社会营造出良好的法治环境。

尽管每次普法都是针对所有公民，但是在对象上都会有所侧重。相对于对象上的特定性，区别重点对象的不同特点，每次普法教育都会分别进行内容上各有侧重的教育，如领导干部要着重学习行政法律、法规，提高依法行政的能力；青少年要着重学习国家基本法律和未成年人保护法，培养法治观念；厂矿职工要重点学习劳动保障法和行业相关法规，培养维权意识。

在历次普法教育的过程当中，各行各业都应当积极主动地认真向本系统、本单位的公民进行普及法律常识的教育。"四五"普法规划还要求，要充分发挥出基层组织的作用，真正地将法治宣传教育深入到各家各户当中。此外。每次普法教育都特别注重发挥大众传播媒介的重要作用，报刊、通讯社、广播、电视、网络、出版、文学艺术等部门，应当积极主动地开展法治宣传教育并为普及法律常识贡献出属于自己的力量，通过开展趣味性的各种法治宣传活动能够有效地营造出法治舆论的氛围。

第二节 法治教育的本质和价值

一、法治教育的本质

（一）法治教育的基础本质

1.使人成为一个有法治素养的人

第一点，要先建立起法治道德。道德本身是法治素养的灵魂，若是在社会中不存在道德，就很难制定合适的法律，即我们所说的"善法"，更加难以借助道德中的"善"来辅助法的推行。我们在这里所指的"善"就是一个人的仁爱之心，具体来说就是所有的党员干部都应当遵守的"为人民服务"这一宗旨，需要确保所有学法的人都能够在与法交往的各个环节当中始终保持善意。总的来说，不管是什么时候，我们都应当确保自己成为一个拥有良好的法治素养的人，需要切实地坚定自身的政治立场，始终保有理想信念并拥护中国共产党的领导，坚持走中国特色社会主义的道路，坚决认同中华民族的文化。

第二点，应当确保自身掌握着足够的法治知识。法治知识本身就是对全人类的文明精华的积淀，其中包含有法律与制度等相关的各项知识；我们应当积极了解人权、公平、正义、自由等含义。若是一个人没有丝毫关于法治相关的知识的储备，就很难认为这个人拥有法治素养，若是想要自身拥有法治素养就必然要掌握足够的法治知识。

第三点，拥有良好的法治思维。通常情况下，我们所认为的法治思维就是需要确保权利与义务之间的统一的思维。一般而言，法治思维本身极为排斥特权与奴役的存在，始终坚持如果一个人享受了权利就必须承当相应的责任，付出同等的义务，反之亦然。法治思维坚持认为权利的享受与义务的付出的多少之间是成比例的。值得注意的是，法治思维还存在着众多的含义，就比如法律至上、人权保障、正当程序等等，这些含义都是从法治思维本身的基本含义所提到的权利与义务相统一的引申得到的。

2. 使人成为一个有法治信仰的人

首先，信任法律。相信法律是人民制定出来的，也是代表人民利益的，发自内心地拥护法律，自觉地遵守法律，保证法律的实施，为了捍卫法律的尊严和实施法律，愿意牺牲自我利益，甚至生命。相信自我牺牲一些暂时的、短期的利益，法律终究会保障自己的长远利益。

其次，选择法律。在协调个人与个人、个人与集体、个人与国家之间的关系时，法律是首选。就目前情况而言，很多人迷信的是金钱和权力，这与法律在人们生活中起的作用并不突出有关，随着社会主义市场经济的深入发展，法律在现代社会的作用将日益突出，成为人们解决纠纷的首选。

再次，遵守法律。人们自觉接受法律的约束、限制，按照法律的规定行使权利，不越法律之界，不愈法律之矩。法律在人们心中有崇高的权威，把法律内化于心、外化于行。遵守法律，同时意味着任何人在法律面前一律平等，任何人没有超越于法律之外的特权，任何人违反了法律都要受到惩罚。

最后，捍卫法律。面对各种违法犯罪行为，人们敢于揭露、批判；为了维护法律的尊严和法律的神圣性，人们不惜牺牲自己的利益，甚至生命；面对各种违法犯罪行为，人们挺身而出，而不会袖手旁观，听任违法犯罪行为发展下去；对各种守法行为，能够得到他人、集体、社会的褒扬和奖励。

3. 使人成为一个有法治实践能力的人

首先，会学法治知识。在这里"会"是方法、策略、路径的意思，既是实践能力的要求，也是实践能力发展的结果。会学，不是机械式、复制式的学习，而是懂变通和灵活运用的学习。也就是说，对法律、条文、法治基本概念、理念的学习是有方法的，要学会掌握法治精神实质的方法。具体方法，因人而异，因时而变，但是有一点是不变的，那就是以人为本，在学习法律、制度、治理知识时，突出理解其中蕴含的保护人民利益的精神实质，用人民的利益来解读法治，把原则性与灵活性、理论与实践相结合，找到具体的学习法治知识的方法，达到会学法治知识的目的。

其次，会用法治知识。会用法治知识，能弥补立法上的缺陷和漏洞，克服法律滞后性的弱点。由于现实社会千变万化，日新月异，这就需要在会用上下功夫。只有及时、准确、高效地运用法治知识，才能促进社会公平正义，保护当事人的合法权利。再多的法治知识如果不会用，也只能等于零；如果用错了，会起反作用，甚至阻碍社会进步，不利于人民追求美好生活。因此，要学习运用法律条文、各种司法解释、立法解释的技能、技巧，在实践中及时总结、反复训练、开展技能大赛，增强会用的能力。

最后，善解社情民意。社情民意是社会情况和个人意愿的简称。学法、用法，是一定社会现实的条件和情况下的学法、用法，是一定社会民意的反映。在实践中，法律和治理之策走样，往往是主观主义造成的，其原因就是对真实的社情民意不了解。所以，学法和用法首先必须了解社情民意。学什么法、怎么学，用什么法、怎么用，要对国情、省情、市情、县情、乡情、村情有所了解，要明确实地的社会、政治、经济、道德、传统、文化、风俗等情况，才能增强学法、用法的针对性和实效性。换言之，人民的意愿是学法、用法的关键，要想人民所想、急人民所急，在学法、用法中倾听人民的心声、接受人民的监督。

（二）法治教育的核心本质

1. 对社会制度的认同

（1）认同中国特色社会主义经济制度

中国特色社会主义制度的重要支柱是以公有制为主体，多种所有制经济并存的基本经济制度，并且它还是我国社会主义市场经济的根基所在。总的来说，法治教育的根本目的就是使得教育对象能够真正认同并积极拥护中国特色社会主义经济制度，并有利维护、巩固并发展公有制经济，始终坚持公有制的主体地位，积极发挥公有制经济所占据的主导地位，从而有效增强我国的国有经济的活力、控制力与影响力。另外，不仅要重视国有经济的重要地位，还应当积极发展非公有制经济，有效激发非公有制经济的活力与创造力，最终使得两者和谐统一。

（2）认同中国特色社会主义政治制度

认同中国特色社会主义政治制度，即认同中国特色社会主义民主。中国特色社会主义民主是人民民主专政的国体、中国特色社会主义根本的政治制度和社会主义基本的政治制度的统一。

2. 对社会主义核心价值观的认同

通常情况下我们认为社会主义核心价值观本身就是社会主义意识形态的最为本质的要求，深刻地体现了社会主义制度在思想层面上存在着质的规定性，是我国所实行的中国特色社会主义的道路、理论与制度的价值表达，是实现民族伟大复兴的中国梦和人民为美好生活奋斗的价值指引。因此，法治教育从本质上讲，离不开引导教育者认同社会主义核心价值观。社会主义核心价值观使国与国之间相区别，是当代中国的显著特征。法治教育本身不但能够坚定地回应社会主义核心价值观的认同，还能够彰显出社会主义核心价值观本身是法治教育的核心本质。从这种意义上讲，离开对社会主义核心价值观的认同，我国的法治教育就会因丧失本质属性而不存在。

3. 对民族精神的认同

从法治教育的内涵视角看，内蕴民族精神的认同。通常来讲，民族精神就是一个民族在长时间的发展过程当中所积淀下来的民族意识、民族文化、民族风俗等特质，这些特质维系着民族的生存和发展，体现了一个民族的生命力、创造力和凝聚力。在旧中国，没有真正意义上的民主，也没有现代意义上的法治，因此法治教育内蕴的民族精神是伴随着中华人民共和国法治建设的伟大实践开始出现的。中华人民共和国成立后，我国开始了社会主义法治建设的艰辛探索，法治建设重回正道，开始了法治建设的新征程，在我国民族的性格中，逐渐积淀了法律至上、公平正义、保障人权、权力制约、社会和谐等特质。在法治教育中，逐步意识到传播、传承、发扬光大这些民族特质的重要性。

在中华民族的五千年的历史积淀当中，我们形成了以爱国主义为核心的民族精神，主要表现为团结统一、爱好和平、勤劳勇敢、自强不息等，这些民族精神被我国的根本法所规定，其本身拥有着高规格的法律效力，所以，我们可以确定，若是要进行法治教育就应当对这些民族精神加以认同，并且在进行法治教育的过程当中，还应当积极主动且持续有效地将这些民族精神深刻地融入其中。

二、法治教育的价值

（一）法治教育价值的主体内涵

法治教育的价值主体就是法治教育的主体，法治教育的主体是与法治教育的客体相对应的一个概念，法治教育的主体是从哲学的高度来认识理解法治教育，是哲学上的主体概念，所以，我们可以认为法治教育的主体就是具有思想、思维，运用物质和精神认识和改造世界的人，可见，法治教育的主体是人，除了人，其他东西都不能作为法治教育的主体。

法治教育的主体是具体的法治教育主体，而不是抽象的法治教育主体，法治教育主体总是一定阶级、阶层、社会集团中的主体，它有特定的生产、生活方式。不同国家的法治教育不一样，就是同一个国家在不同历史时期法治教育也不一样。在同一段历史时期，对青年学生的法治教育不同于对党员干部的法治教育，也不同于对农民工的法治教育，更不同于对监所、劳动改造对象的法治教育。这也就是说，从法治教育价值主体这个角度讲，法治教育要有针对性，没有普遍的法治教育。这就要求我们在制定法治教育政策时要有针对性，不能脱离具体实际、具体情况开展法治教育。在开展法治教育时，要研究法治教育主体有何需要，以及这种需要有何特点。

（二）法治教育价值的形成

1. 法治教育价值形成的主观条件

首先，要有主体，还有主体的需要。主体和主体的需要是联系在一起的，也就是说，主体总是有需要的，需要也总是主体的需要，既没有脱离主体的需要，也没有孤立存在的主体。在现实生活中，主体为了满足自己的需要，从事各种各样的实践活动。法治教育也是这样，法治教育主体为了"成人"，为了治国理政，为了全人类的幸福生活，不断参与法治教育实践，通过法治教育来获取资源，满足自己的发展、社会的发展以及人类发展的需要。人的法治教育需要，是自身在法治实践、法治教育活动中，对其缺失状态所进行的观念把握，也就是说，法治教育需要是一种缺失，这种缺失是人的法治教育实践活动的内在动因，人的法治教育实践活动总是社会生活中的法治教育实践活动，不能脱离社会而孤立存在，因此，法治主体的需要，不仅包含人的本性，而且具有社会性，是自然性与社会性的统一。

其次，在形成法治教育价值的过程当中，不管是主体还是主体需要，又或者是客体或者客体的属性等，都存在着是否能明显的流变性。在我们所能够观测到的法治教育的价值当中，能够明显地发现主体是可以变化的，在人的一生当中，随着自身的角色的变化，处于每一个阶段的人的身心特点都在不断地变化，这也就导致同一个人在不同的人生阶段存在着不同的需求。值得注意的是，不单单是主体在变化，我们所进行的法治教育的活动也在随着社会的变化而不断地变化，整体上是在不断地进步与发展的，不管是法治教学活动还是法治教育实践，又或者是法治相关的科学研究、人才培养等都是在不断地发展与变化的，所以说，法治教育的价值形式本身就是一个在不断变化的过程，这就要求我们只能够从动态当中对法治教育的价值进行把握。

再次，法治教育价值的动态性并没有否定法治教育价值的相对稳定性。正因为法治教育价值的相对稳定性，才为法治教育价值的研究提供了可能性，我们判断、确定、分析人的需要和法治教育活动都是以法治教育价值的相对稳定为前提的。

最后，这里还要论及的就是：法治教育的价值追求和法治教育的科学认识到底哪个重要？我们说，在法治教育中，既要追求、肯定法治教育的价值在法治教育活动中的重要性，同时也要明确法治教育的科学认识是非常重要的。法治教育要以科学研究为根据，要通过科学研究探索法治教育内在的、本质的、必然的联系，要加深对法治教育规律的探究，没有法治教育的科学认识，法治教育的价值就没有依据，也没有任何意义，而法治教育的价值则关系到人们的法治教育评价和用法治教育的价值选择来建构自己的法治生存方式。由此可见，法治教育活动既是一种科学活动，也是一种价值活动，是科学活动与价值活动的统一体。

2. 法治教育价值形成的客观条件

法治教育价值的生成，不仅要主观条件，而且要客观条件。客观条件就是客体和客体属性。也就是说，要有法治教育活动的存在，因为，法治教育活动作为客体是法治教育主体活动的对象，法治教育主体通过对客体资源各种属性的利用来满足主体的需要。所以，首先要有法治教育活动的存在，并且其属性能满足主体的法治需要。特定的法治教育客体和客体的属性，决定了法治教育主体的价值选择、价值评价，法治教育客体就好比矿山，矿山的种类、矿产量决定了能开采多少年，能满足多少主体的何种需要和满足需要的程度。比如，法治教育活动与政治活动、经济活动、外交活动不同，政治活动满足主体的政治参与需要，经济活动满足人们追求经济利益的需要，而外交活动则满足作为主体的国家与他国交往的需要。

法治教育客体属性、存在、规律决定了法治教育主体的价值评价及选择方向和能到达的水平。法治教育主体只能顺应法治教育客体的属性、状况、规律来活动，从而形成法治教育主体的价值追求。也就是说，法治教育主体不能超越法治教育价值客体的限制、条件、水平来形成主体的价值追求。因此，在法治教育价值活动中，法治教育主体虽然具有一定的能动性，但是，这种能动性的发挥要受到法治教育活动客体的限制，也就是说，法治教育主体的作用不是无限的和绝对的。

3. 法治教育价值形成的真假之辨

法治教育本身有着十分重要的价值，能够有效地满足社会当中人的需要，也能够在一定程度上满足由众多的人所组成的组织机构的需要，但是值得注意的是，法治教育本身只能够满足人的正常的需要，这些需要的内容必须符合人的发展与其所处的社会的发展的价值取向，由此产生正向的价值。总的来说，法治教育本身的正向价值就是法治教育的真价值。若是法治教育本身并不能够满足人的发展与社会发展的需要，甚至会产生一定程度上的阻碍，就会形成负向价值，我们称其为虚假价值。经过总结之后，我们认为法治教育本身存在的真价值与虚假价值有着以下几个不同点。

第一点，法治教育本身所蕴含的真价值主要表现为现代社会与其中所存在的个人承认的正向价值，法治教育本身所蕴含的虚假价值指的是那些被社会与个人否认的负向价值。所以我们可以明确一点，真价值本身就是法治教育所追求的价值，虚假价值就是法治教育自身需要避免产生交集的价值。

第二点，法治教育本身的真价值是依托于人的健康需要与社会的文明发展需求存在的，法治教育本身的负向价值主要来源于人的不健康需要，而且，虚假价值本身会严重影响到法治社会的形成。

第三点，法治教育价值会存在真假的分别，但是，对其进行区分并不能只观测表象，需要对其所蕴含的实质进行探究，这里所指的实质就是那些能够对人的美好需要进行满足以及对人追求美好生活的促进功能，可以确定的是，实质好的就可以认定为真价值，反之亦然。

第四点，法治教育本身存在着真价值与假价值，更能够被大众所认可的是真价值，更容易被剥削阶级等所认可的是假价值。

第五点，唯物主义能够为法治教育中的真价值奠定哲学基础，值得注意的是，法治教育中的假价值是将唯心主义作为其哲学基础的。总的来说，在事物的表象上面，我们能够明显地发现真实价值的表象更加务实，更具有正能量等特性，相应的，虚假价值的表象更多地表现为形式主义、教条主义、面子工程等较为负面的特性。

总的来说，法治教育本身所具有的真价值存在着一定程度上的合规律性，相应的，法治教育的假价值就与其截然相反。我们若是想要完整地发挥出法治教育本身所蕴含的真价值就需要对法治教育本身的规律进行深入的了解，并做到掌握。若是想要最大限度地避免遇到法治教育的假价值，也需要对法治教育的价值规律进行足够的认识与把握。

第三节　法治教育的主体和方法

一、法治教育的主体

（一）一般法治教育主体

所谓一般法治教育主体，是指具有相同品行、品质、特性的法治教育主体。无论是机构，还是个体，也无论是作为教育者一方，还是作为受教育者一方，都可以作为法治教育的一般主体加以研究。过去，我们忽视对法治教育一般主体的研究，对法治教育主体的共同性重视不够，所以，法治教育在一些部门、个体，要么变成强制教育，要么对法治教育的效果不管不顾，法治教育难免走形式。所以，要提高对法治教育的主体的一般性、共同性的认识，才能把握法治教育的普遍规律，为法治教育决策、教学、学习提供指导。

（二）特殊法治教育主体

一般而言，特殊的法治教育主体本身就拥有着特定的品质与规定，已经内生的特点，与平常我们所见到的一般的法治教育主体不同的方面包括特殊的法治教育主体本身的专业要求、人员构成、教育的对象与方法，等等。

作为法治教育当中较为特殊的教育主体，不但需要具备较为基本的法律知识与技能，还应当确保自身的专业素质是所学的各种专业素质的复合，除此之外还应当拥有着诸如政治学、经济学、金融学、教育学、心理学等知识，以及较为基本的社会实践的经验与治国理政的基本知识与技能。在新时代的法治教育的要求之下，我们的机构与相关人员需要确保自身的素质能够实现进一步的整合与提高。

（三）学校法治教育主体

学校是专门从事教育活动的组织机构，学校教育具有目的性、系统性和组织性，学校教育包括学校的法治教育。在我国，学校包括幼儿园、小学、初中、高中、大学，因此，在我国的各级各类学校中贯穿着法治教育。学校法治教育的主体是教师和学生，教师和学生是学校法治教育主体的两个方面，缺一不可，他们共同推动着法治教育活动的开展。研究学校法治教育主体，不仅有利于提高学生的法治素养，而且对学生的健康成长，培养国家未来的法治人才，保障社会的长治久安具有重要意义。

（四）社会法治教育主体

法治教育的主要任务是在学校完成的，学校法治教育主体是法治教育主体的主要部分，除学校法治教育主体之外的法治教育主体称为社会法治教育主体。社会法治教育主体有多种分类方法，这里以承担的法治教育职责和法治教育的方法来分类，分为政府与大众法治教育主体、专门机构与特定对象法治教育主体、家庭与成员法治教育主体。

在我国，政府是法治教育的主体，法治教育的任务主要由政府承担，政府是法治教育的教育者主体。政府法治教育主体与学校法治教育主体不同的是，学校是专门的教育机构，而政府是面向普通大众的机构，当然，政府也同时承担学校法治教育的责任，这是由我国政府的职能决定的。对此，要认真研究政府法治教育主体的职能、特点、规律，才能具体落实全面依法治国的大政方针。

普通大众是指我国的大多数群体，普通的工人、农民、士兵、一般党员、一般干部，当然也包括教师、学生。也就是说，教师和学生既是普通大众的法治教育主体，也是学校法治教育主体，要接受来自不同方面的法治教育。法治教育的内容、主体角色是交叉的，这是我国法治教育主体状况的实际，过去我们缺少这样的认识，所以法治教育缺少整体视野，难以科学化和学科化，很不适应我国法治教育和国家全面依法治国的实际需要。

（五）家庭法治教育主体

家庭是社会的细胞，家庭法治教育与社会法治教育、学校法治教育同样重要，因此，认识家庭法治教育的主体、研究家庭法治教育，是法治教育的组成部分。只有认真研究家庭法治教育主体，在制度、政策、体制上引导家庭法治教育，才能把全面依法治国的战略方针具体落实。

家长是家庭直系血缘关系或者旁系血亲中辈分较高的人，比如，兄、姐、父母、祖父母、曾祖父母、伯、叔、姑、姨等人。家长与家庭的法治教育受教育者具有直接或者间接的血缘关系，因此，家长主体具有与其他法治教育主体所不具有的特点，家长能起到加强或者削弱其他法治教育主题教育的效果，所以，发挥家长在法治教育中的积极作用尤为重要。

家庭成员是与家长相对应的一方，比如，弟、妹、子女、孙子女、外孙子女、曾孙子女、侄女等。长辈负有对晚辈法治教育的职责，这是因为血缘或者婚姻关系而形成的教育上的权利义务关系。一般而言，家庭长者的法治知识、技能、社会经验等要比晚辈强很多，对晚辈的法治教育是必要的。家庭成员作为法治教育的受教育者主体以往较少被研究，其实，认真探讨家庭法治教育受教育者主体的特点，能增进家庭和睦，促进家庭法治教育效果，促进晚辈健康成长。

二、法治教育的方法

（一）讲解法

法治教育的讲解法是指法治教育活动中的讲述、解释、论证方法。讲解者一般由教育者担任。讲解的内容是法治教育中的概念、原理、原则、知识、法条、历史、理论、人物、学派、著作等。讲解法是法治教育的主要教育方法，虽然这种方法饱受诟病，其批评者多认为该方法是传统的教育方法，不利于调动受教育者的积极性，有"灌输"之嫌。其实，判断一种教育方法的价值，主要应看它的实效性，讲解法作为一种教育方法，广泛地在课堂教学中应用，是课堂教学的主要方法，能够一直存在到今天，说明这种教育教学方法是有生命力的。

（二）体验法

体验法是法治教育的具体方法。受教育者通过体验获得法治教育知识、技能，提升法治素养，实现法治教育的目标。体验对法治教育十分重要，体验是作为主体的法治受教育者，主动参加社会实践的过程。在社会实践中，主体获得有关法治的感性认识，这些感性认识是上升到理性认识的前提和基础。在体验中，主体的法治情感被激发，对社会主义法治制度产生认同感，在认同的基础上进而发展为法治信仰。

（三）讨论法

法治教育的讨论法是在法治教育者的指导下，法治教育者和法治受教育者共同参加，为解决某个具体的法治问题，或者为获取法治知识、训练法治技能的方法。讨论就其实质而言，是教育者与受教育者相互之间的沟通，是在沟通中进行的教育。讨论法是法治教育方法论的具体运用，是法治教育不可缺少的教育方法。

（四）榜样法

榜样的力量是无穷的，榜样的事迹和精神是一笔宝贵的财富。在法治教育中，榜样法是通过树立典型人物，用典型人物的事迹来影响公众的心理，达成法治教育目标的教育方法。榜样形象具体，受教育者受榜样的激励，积极模仿榜样。法治教育榜样与其他榜样的不同在于内容是法治事迹。

法治教育榜样法在运用时，教育者不能强制受教育者，这并不说明教育者就不需要引领受教育者，在法治教育中，教育者应对榜样正确说明，使榜样易于理解，让受教育者增加对榜样的认知水平。法治教育的榜样一定要来自生活，来自大众，来自基层。法治教育榜样的生活化，还意味着榜样并不是十全十美的，榜样也有缺陷，这才真实。

（五）自学法

自学法指在法治教育中，是指受教育者自己主动学习法律知识，训练法治技能，提高法治素养的方法。法治教育自学法，依靠法治主体的自修自悟，自己寻找法治学习资源，创造法治学习条件，达成法治学习目标。在现代社会，信息技术、人工智能教育技术高度发达，可以利用的资源越来越广泛，因此自学法逐步成为法治教育的主要方法。这种教育方法，能使受教育者摆脱对教育者的依赖，通过自己的努力学习，达到法治教育的目标。

（六）警示法

法治教育的警示法是通过告诉法治教育对象的违法后果、损失、危害以及应承担的法律责任和应受到惩罚的教育方法。警示法是法治教育不可缺少的方法，其特点是见效快，对大多数受教育者而言能收到立竿见影的效果。警示法的实质就是把法治教育的效用与个人的利益直接关联，因此具有见效快的特点。警示法往往用直接的法律条文、规则、规章等来教育受教育者。警示法要求教育者准确理解法律的规定，要善于针对不同的受教育者提出不同的警示内容。

第四节　法治教育学相关研究

一、法治教育学研究的对象分析

若是想要建立一门学科，最主要的就是确定研究的对象，通常情况下，不同的研究对象本身会使得不同的学科存在着十分明显的区别。对于法治教育学来说，其本身能否成为一门新的学科主要与研究对象有关。

其一是存不存在研究对象。一般情况下，研究对象的存在是构成一门学科的前提，任何存在的独立的学科本身都必须拥有属于自己的研究特定的研究对象。对于法治教育学来说，其本身需要存在研究对象，这关乎法治教育学能否成立。具体来说，若是想要对法治教育学教育认识就需要重点关注法治教育学的研究对象，一个特定的研究对象的存在能够使法治教育学与诸如法学、教育学、哲学等学科产生明显的区分。一般而言，我们认为法治教育学中的研究对象就是法治教育学的特殊矛盾，虽然与其他的学科的研究对象存在着些许的差别，但是也存在着一定程度上的联系。就比如法治教育学的研究对象本身就是思想政治教育学的二级学科，是思想政治教育学研究对象的进一步发展和深化。

其二是研究对象是否是被社会所需要的。通常来说，若是社会需要，其本身就可能成为社会中科学产生的动力。根据社会需要的不同，研究对象的投入也不同，若是社会的需求量低，就会直接影响到研究，致使研究难以为继，反之亦然。为了更好地适应现阶段我国的法治与法治教育实践活动的需要，应当对法治教育学的研究对象加以深入的研究。若要全面实行依法治国，就应当积极培养法治相关的人才，通过发展法治相关的教育就能够有效培养法治人才，同样的，若是推行法治教育就必然需要法治教育学科的支撑。总的来说，为了确保我国的法治社会的建设有效推行就必然要对法治教育学的研究对象进行深入的研究。值得注意的是，尽管我国开展了长时间的普法宣传教育，但是多年来积累的众多的法治教育实践相关的经验本身并不是系统存在的，必须对其进行归纳总结，通过对法治教育的研究对象的深入研究，就能够更好地建立逻辑紧密的法治教育学科。

其三是一门学科能成为科学，在于科学理论的支撑。法治教育学属于社会科学，它的理论基础是马克思主义。所以，在我国，对法治教育对象的研究，必须以马克思主义和中国特色社会主义的理论体系为指导。这不仅能保证法治教育的无产阶级的意识形态性，而且能保证法治教育学的科学性。在法治教育的学科建构和具体的研究中，要贯彻马克思主义的辩证唯物主义和历史唯物主义思想，要求实事求是，开拓创新，既要坚持马克思主义的基本原理，又要反对教条主义，用实践中不断发展的马克思主义指导法治教育学的研究。

二、法治教育学研究的意义

（一）提高法治教育的实效性

多年来，一直困扰理论工作者和实际工作者的问题是，我国法治教育的实效性差。有的甚至把法治教育效果等同于法治教育的课堂教学效果，用考试打多少分来衡量法治教育的效果。还有的把学了多少法律、法规，完成了普法文件规定的多少指标，犯罪率降低了多少等，当成法治教育的效果，显而易见，这些理解都是很肤浅的。不可否认，我国法治教育的实效确实与这些因素有关，但是，什么是法治教育的实效性？对法治教育实效性的核心是什么并没有深入研究，怎么谈得上法治教育的效果呢？法治教育学是一门应用型学科，所以，通过研究法治教育学，能为增强法治教育的实效性服务。

（二）夯实治国理政的基础

治国理政、依法治国、依规治党，是一个十分复杂的问题，要教育广大干部和群众，深入学习法律知识和治理知识，培养对法律、治理的研究能力和实践能力，才能夯实治国理政的基础，这一切都离不开对法治教育的研究。目前的法治教育偏重于"法"的教育，而忽视于"治"的教育，尤其是对"法"的教育与"治"的教育的关系更是缺乏研究，这正是要通过法治教育的研究来改变的。因此，法治教育的研究，关系到我国治理体系和治理能力的现代化。

（三）提高公民的法治素养

公民的法治素养，不仅是社会文明进步的重要组成部分，而且是公民全面发展的重要条件。一个人能否幸福及幸福的程度，从一定意义上说，取决于一个人的规则意识。一个人的规则意识是一个人法治素养的集中体现，只有加强法治教育研究，才能解决培养规则意识的问题。随着现代社会的发展，对人的规则意识要求越来越高，而人的规则意识需要后天的培育，尤其是离不开法治教育。法治教育是提高公民法治素养的主干课程，必须研究该门课程在提高公民法律素养中的地位、作用、教育方法、具体内容等，才能满足公民日益增长的法治素养的需要。

（四）法治教育的科学化

法治教育是一门学科，它有特定的研究对象，对法治教育研究对象的认识，是一个不断深入研究的过程，只有深入研究法治教育的研究对象，才能发现和掌握法治教育的规律，把法治教育建立在尊重规律和利用规律的基础上。法治教育之所以陷入浅层次，就是因其科学性不强。因此，要不断研究新形势下法治教育的先进法治理念，将法治思想转化为教材体系、课程体系、教学体系，建立科学的法治教育效果评价标准和评价体系，促进法治教育事业的发展。

第二章 高校与法治教育探究

高校法治教育是学生法治教育的最高阶段。本章为高校与法治教育探究，主要包括四节内容，依次是大学生的法治信仰、法治高校的理论审视、高校依法治校探究、高校法治教育实效性研究。

第一节 大学生的法治信仰

一、大学生法治信仰的层次

通常来说，我们会将一个国家的法治化程度通过对这个国家的公民的法律信仰程度进行评判。因为法治信仰的培养是一个循序渐进的过程，所以我国将这个过程划分为了三个层次。

（一）法律获得普遍的尊重

权利应当尊重法律，绝对不可以将法律玩弄于股掌之中，绝对不可以使权利凌驾于法律之上。对于大多数大学生来说，尽管他们可以不虔诚地信仰法律，但是应当对法律表示尊重，在日常生活当中应当尊法、守法，对法律人与法院的判决结果表示尊重，等等。

（二）法律获得普遍的信任

在现阶段的我国社会当中，大多数的普通民众都不信任法律，若是遇到事情总是在第一时间托关系，就算是那些长期接受法治教育的大学生也不会过于信任法律。比如在华东政法大学曾经出现了一起餐馆老板殴打女大学生的恶劣事件，在事件的最开始，警方并没有对打人者进行任何处罚，甚至于在前往警察局的方式上采用的是打人者乘坐警车，女大学生自己打车的方式。这种处理方式导致女大学生十分悲愤，遂通过张贴大字报号召同学们不再去这家餐馆用餐的方式进行反抗。这一事件表明，若是想要法律获得广大民众的尊重与信任，就需要在制定与执行的过程当中都是严明的，使得公众能够通过法律维护自身的公平正义。

（三）法律获得普遍的信仰

简单来说，法治信仰本身存在着三个基本的特征，其一就是普遍性，可以明确的一点是，法治信仰本身是全体公民的普遍性的行为，并不是某些法律精英者的表率；其二是内化性，法律会内化为信仰者的内心信念，信仰法律的人会自然而然地将法律作为自己做事的准则；最后一项特征是无选择性，对于信仰主体来说，其所信仰的法律本身并不存在恶法与善法的选择，主体只会对法律表现出虔诚的态度。那些只信仰良法的人并不是完全意义上的对法治的信仰。对于法治信仰的培养是一个循序渐进的过程，难以一蹴而就，不管是对公众还是个人来说都是这样，而法治教育显然是这一过程中应予重视的路径。

二、大学生法治信仰的现状

我们不难想象，在一个没有信仰传统的国家，想要让其中的国民信仰法治是一件多么困难的事情，这是一项漫长而艰巨的工作。所以，在这个世界上若是忽略信仰传统而对其法治信仰夸夸其谈，都会使得法治信仰成为一句不会发挥任何作用的口号。

（一）大学生普遍认同法治

对于大部分大学生来说，若是想要实现"中国梦"就必须要坚持法治建设。很多大学生坚持认为，我国的法治建设一定会实现。在法治社会当中必须要普及法律知识并培养良好的法治精神，值得注意的是，现阶段已经有很多的大学生开始具有维权意识，愿意并能够拿起法律的武器维护自身的合法权益。

（二）大学生法治信仰存在缺位

现阶段我国的诸多大学生并没有形成较为浓厚的法治信仰，也很少有人拥有较为完备的法治情感，没有深厚的法律意识与明确的法治观念，很少有人真正意识到每位公民都是未来我国的法治建设的践行者，大多数人都认为法律离自己很远，也很少有人会积极参与法治实践活动。值得注意的是，有部分学生十分尊崇社会中的关系与权利，鄙视法律，这部分人不仅不明白书本当中的法律与现实生活当中的法律的实践效果之间的巨大差距，而且会在生活中遇到困难的时候首先想到托关系，而不是寻求法律的帮助。

（三）法治教育极不充分

通常情况下，大学生会通过互联网、报纸、杂志等渠道获取法律相关的知识，这之中最为重要的渠道就是大学公共基础课程"思想道德修养与法律基础"。对于大多数大学生来说，尽管自身认同法律知识对于现代的公民极为重要，但是大多数人并不重视这门课程的学习，又因为部分讲授的教师也没有对这门课加以重视，这就导致大学生所接受的法治教育的效果不尽如人意。

三、大学生法治信仰的缺失原因

（一）历史传统

大多数西方发达国家在全面推行法治之前，都经历过波及整个社会的思想启蒙运动，人们逐渐形成了规则意识和法治精神，为法治建设的顺利进行清除了思想观念障碍。我国在过去的两千年间始终坚持着封建人治传统。正如梁治平教授所言，"传统法文化中只有家、国，而没有个人，只讲人应该、必须或不得怎样，而不讲人能够怎样，至于公民权利一类的东西更是闻所未闻。法主要就是刑，它不是至高无上的，也不是普遍的秩序，它听命于权力，从属于礼教，从来都是统治者的镇压工具，就不能做捍卫民众权利的武器[1]"。

（二）社会文化

我国推行法治的政策是自上而下的，这就导致大多数公民并不会对法治产生过多的兴趣，更不用说对其加以拥护。对于大多数人来说，不但只想要通过法律来保障秩序的存在，还不希望法律对自身的权利进行限制。一些行政者并非心甘情愿地保障公民权利和依法行政，而更多的是一种敷衍摆平的心态。老百姓出门办事，总会想到"通路子""找关系"，当然这当中有许多的不得已和无奈。作为

---

① 梁治平.法辨[M].贵阳：贵州人民出版社，1992.

社会群体中的一部分，若是社会当中的法治文化普遍缺失就会对大学生产生极为严重的影响。

（三）法治实践

当前我国的法治实践面临诸多的困境与困惑。若是想要建立思想信仰就需要不断进行实践。若是大学生将自身在学校所学习的各种法治相关的知识与社会的现实进行相互印证，就更能深刻地感受到法律的公平正义和法治所带来的人际和谐、秩序井然，由此就更能够加强大学生的法治信仰。但是，社会并不是平和的校园，有些地方或某些人对公权力进行着令人发指的滥用，他们不是用手中的公权力去为人民服务，而是利用公权力谋取私利。人们在现实中都惧怕权力的威力，却并不敬畏法律的威严。法治的现实困境难免会让人们忧心司法的公正与纯洁，担心公平正义被无情摧毁。残酷的社会现实会在一定程度上冲击到学生所学习的法律知识，从而造成知行的脱节。

（四）校园氛围

现阶段的校园内部并未形成良好的依法治校的校园氛围，甚至于还会在某些时候看到与法治相背离的情况，又因为并不重视对大学生的应有的权利进行保护以及近年来的高校贪腐案的频频发生，在一定程度上严重阻碍了大学生的法治信仰的形成。总的来说，若是不能够实现高校管理的法治化，就很难培养高校大学生的法治意识与坚定的法治信仰。

（五）教育成效

大学生法治教育的整体效果不佳。现阶段，若是想要培养众多非法律专业的高校大学生的法治观念，主要通过"思想道德修养与法律基础"这门课程，我们通常将教育过程中遇到的问题总结为以下三个方面。

1.课程整合

"思想道德修养与法律基础"这门课程主要包含有两部分，分别为"思想道德修养"与"法律基础"。从教材内容的编排来看，大学生法治教育部分仅有一章，约占教材总内容的1/4左右。从课时来看，本课程的课时数相对于"98方案"大幅减少。在法治教育课时得不到保障的情况下，法律的基本原理无法讲全讲透，对社会热点案件、典型案例的分析也只能"点到为止"。这就导致在部分学生的学习渐入佳境之后马上就会结课了，十分影响高校大学生的法治教育的效果。

2. 教学方式单一

大部分教授"思想道德修养与法律基础"课程的教师都是由之前教授"思想道德修养"与"法律基础"的教师组成的，这就导致几乎所有的教师都存在自身专业知识不足的问题，很难使"思想道德修养与法律基础"课程的教学获得良好的效果。也许他们自身都不能深刻理解法条背后蕴含的法治思想，而且不少人普遍缺乏司法实践经验，因而没有足够底气灵活运用问题教学法、案例教学法等多种教学方法，而是采用自己熟悉的"填鸭式"教学法等"靠得住"的老办法开展法治教学。

3. 学生不重视

在当今高校开设"思想道德修养与法律基础"课堂，往往是一年级新生的好几个班级集中在一间大教室上课，人数众多。部分学生并未重视此门课程，仅仅将其视为获得学分的工具课程，不仅在学习的时候不求甚解，还经常发呆或走神，不认真听讲。此类课程在期末考核的时候，通常是以开卷考试的形式进行，这就导致所有的考试参与者都认为极容易通过。这种轻松的考试形式又在一定程度上促使学生更加轻视法治课程，总的来说，现阶段的高校法治教育已经彻底流于形式，完全违背了最初设置法治教育的初衷。

四、大学生法治信仰的培育对策

（一）明确法治教育的独立地位

大学生法治教育被作为德育教育的附庸，缺乏独立性，不适应当前法治社会的建设和大学生法治信仰的培育。我国众多高校的法治教育并不存在独立的课程体系，也未曾拥有独立的学科地位，这就导致大部分学生在进行法治教育的学习的时候，并不能够系统且全面地学习法律相关的知识，从而有效提升自身的法律素养，这在一定程度上阻碍了大学生法律基础知识的学习和法治观念的培养，极大地削弱了大学生对于法治的信仰。

若想要为当代大学生确立法律信仰，就应当切实推行法治教育。一般来说，我们认为，道德教育与法治教育两者都属于社会价值的教育范畴，两者之间也存在着十分密切的联系，但是不可否认，两者之间也存在着十分明显的区别。道德教育更为重视人的内心，希望从道德的角度对人的内心进行净化。与之不同的是，法治教育更为强调法律，十分重视从人的外在行为上对人进行规范。若想要更好地提升一个人的品质，就应当从思想与行为两个方面对其进行培养，需要通过法治教育与道德教育两者相结合的方式。要培养大学生的法治信仰，法治教育必须要拥有独立的体系，享有属于自身的独立地位，明确法治教育的重要性，积极发挥法治教育的作用，对于大学生法治信仰的形成具有事半功倍的效果。

一般而言，法治教育并不是单纯的"人—物"的关系运动，而是较为复杂的"人—人"的关系互动。在开展法治教育的过程当中，教学二者之间应当具有主体性。简单来说就是要严格遵循现阶段普遍的法治教育规律与科学理论，通过现代教育技术和方法，真正实现教与学互动，从而确保教师与学生能够共同进步。

作为法治教育活动当中学习的主体，大学生本身拥有着独立性、自主性、自觉性、能动性，不同的大学生有着不同的情感、兴趣与爱好。也正因此，我们应当尊重大学生的独立人格与思想感情，在进行教学的过程当中，高校教师应当对大学生予以尊重，决不能将其粗暴地看作承载知识的容器，从而将法治教育相关的知识进行灌输。在进行法治教育教学的过程当中，高校教师应当与学生平等相待，积极且主动地与大学生互相交流法治相关的基础知识与理念，将其看作是自己所主导的法治教学活动中的主体。在法治教育教学过程当中，高校教师应当有意识地培养大学生的主动学习能力、独立思考能力、自主解决问题的法律运用能力等等，最终更好地实现对大学生的主体性法治教育。

（二）鼓励大学生参与法律实践

在开展法治教育的过程当中应当注意将理论与实践进行结合。需要注意的一点是，我国的很多高校进行法治教育的过程当中只重视对学生进行理论知识的教学，这种填鸭式的教学方法会严重阻碍大学生的求知欲望的发挥，甚至于会使得学生对这门课程产生厌倦心理，不利于高校大学生对于法律基础知识的学习，更遑论对于大学生法治信仰的培养。同时，因为授课教师的教学水平有限以及教学方法不够新颖有趣，致使大部分大学生对法治教育产生了抵触心理，严重阻碍了大学生的法治信仰的形成。

法律科学本身有着实践性的特征，这就需要接受了法治教育的大学生能够重视实践。若想要培养大学生的法治信仰就必须重视课堂之外的实践活动，使得学生能够通过自身所学习的法治相关的知识与实践进行结合，从而更好地解决实际生活中所遇到的问题。通过各种社会实践，使得学生能够将其与自己在课堂中学习到的枯燥无聊的法律知识进行结合，从而更加深刻地认识到法律在生活中所起的作用，有效增强自身的法治观念，培养自身的法治素养。

大学生的法治教育，不仅要重视法律知识的传授，更要注重法律实践的培育。只有当法治的实践与内心的信念产生共振，才能让法治的魅力释放出来。要激发大学生对于法治的认同感，只采用教科书的单向灌输的方式并不能够有效提升学生自身的法治水平，必须积极利用社会中资源自身创造平台，提升自身与法律接触的机会。消除法律的距离感、神秘感，从而使大学生理解法治、尊重法治，树立法治信仰。

1. 加强法律类社团的建设

建设法律类社团的目的是进一步激发学生学习法律的热情。虽然当前许多学生迫切希望获取法律知识和能力，但组建法律类社团的热情并不高，而已组建的许多法律社团也远没有发挥其在法治教育方面的重要功能。之后需要通过学校层面对高校内部出现的法律社团进行行之有效的管理与指导，并为之建立合适且规范的管理制度，有效帮助相关社团的稳定发展。另外，可以通过专业的教师对社团的工作进行指导，通过选拔优秀的学生担任法律社团的负责人。通过加强法律类社团的质量建设，有效扩大社团的影响力与覆盖面能够促使更多的学生提升自身对于法律学习的兴趣，更加深刻地学习现有的各种法律相关的知识与技能。

2. 设立实践场所

法律是一门实践性较强的理论学科，不可能脱离实践而存在。学生如果只学习课本上的理论知识，法律对于他们而言，仍然是生硬而遥远的。因此，有必要把学校和社会的法治资源进行充分的整合，使校内外资源贯穿于大学生法治教育的全过程。若是想要落实高校法治教育的效果，就需要积极开展实践活动，通过多种多样的实践活动能够有效促进高校大学生的法律知识的丰富与完善，还能够有效提升其自身的法律素质。

（1）设立实践基地

建立实践基地能够促进高校的大学生发挥出自身的法律素质的积极性，可以说，实践基地本身对于高校大学生的法律素质的教育起到了潜移默化的作用，借助模拟法庭、法庭辩论等等实践形式能够在一定程度上脱离传统课堂的限制，激发学生的学习积极性，促使学生对法律相关的问题进行深入的思考。通过建立实践基地能够有效促进高校内部与外部的各种资源的有机结合，对于众多高校来说，若是想要开展相关的教育，可以在校园内部建立模拟法庭并配备相应的设施，除此之外，还可以与校外的司法行政机构进行长期的合作，使其成为高校的校外实践基地。

（2）组建法律社团

在高校的大学生的业余生活当中，学生社团占据着十分重要的位置，深受众多学生的欢迎。为了获得更好的法律相关的教学效果，学校可以对各辩论协会当中与法律相关的社团进行一定程度上的鼓励与支持，并且，还可以使部分有着较为丰富的法律理论知识与实践资历的学者带头成立法律服务社团，该社团的主要工作就是进行普法宣传与法律咨询等与法律相关的服务。

（3）开办法律诊所

通常情况下，我们会将那些类似于医学专业培养实习生的教学模式称为法律诊所，通过这种方式的教学能够有效促进学生对于法律知识的应用。在法律诊所的教学模式之下，学生能够获得接触真实的案件的机会，并积极地参与到办案当中。另外，在正常的学习之后，学生还能够通过与当事人或者是司法行政机关进行深入的交流以便能够加深自己对于知识的理解，并且还能够更加深入地了解到法律运作的流程，培养自身的实用的职业技能与良好的职业习惯。对于部分仅仅学习了"法律基础"的学生来说，可以只在法律诊所当中负责一些较为简单的日常工作，就比如对一些信函进行恢复，需要注意的是，在回复信函的时候需要确保及时且准确，需要保持长时间的耐心与热情参与到这项工作当中。若是在工作当中遇到难题就需要咨询有着丰富经验的教师。除了回复信函的工作之外，学生还可以负责接待来访的工作，对于法律诊所中的一些较为简单的法律相关的问题可以由这些学生进行解答，在教师的指导之下，学生不但能够负责电话的接谈，还可以负责代写文书等工作。

3. 开展富有法律特色的校园文化活动

校园文化中十分重要的一部分就是法律文化，通过开展法律文化活动，能够有效增强大学生的法律素质。学校通过组织各种法治相关的讲座与辩论等学术活动，能够促使大学生更好地了解前沿的法律知识。通过举办法律性质的演讲比赛与辩论比赛等文化活动，能够有效激发大学生的积极性，使其能够在法律学习过程当中更为主动且自觉，从而有效提高自己的素质。

以国家宪法日、消费者权益保护日等重大时间节点为契机，进行法治宣传教育活动。开展与节目主题相关的知识竞赛、板报宣传等活动，还可以定期邀请司法机关的工作人员与法律行业优秀的律师来学校与学生进行沟通、交流、讲座等等。为了更好地培养学生对所遇到的问题的思辨与分析的能力，我们可以积极开展与法律相关的辩论比赛，将当时社会上的一些热点案件作为辩论的主题，更加方便学生巩固自身所学的法律知识。利用微信、微博、人人网等社交平台，以易于学生接受的、生动活泼的语言宣传法律知识。推送法治案例，推介法治活动，扩大法治宣传的覆盖面，以及开展法律知识竞赛和以法律为主题的演讲活动，等等。

（三）营造校园法治氛围

作为现代大学制度的根本，依法治校就是通过制度对人、事进行管理。需要注意的是，依法治校并不是以法治校，前者更为重视在学校内部崇尚法律的价值与尊严。在法治氛围较为浓厚的校园当中，能够使学生更好地体验到依法办事的校园氛围，也更能够深刻地感受到法治所带来的公平正义。

1. 内化法治理念

对于一个人来说，理念的存在是自身前进的动力，这就要求大学生需要在自己的内心形成法治观念，由此才能够培养属于自己的法治信仰。借助于法治教育能够使大学生更加深入地了解到社会主义法治理念的核心与精髓，通过对这一理念进行全面的掌握才能够更好地理解社会主义法治的基本内涵，从而更好地践行依法治国的基本方略。

高校内部的权利网络的核心就是党委常委会、校务会议教代会与学术委员会，这三种权利应当做到各司其职、相互促进等，还需要极力避免三者之间的相互干扰与影响。

2. 坚持以人为本的制度设计

对高校内部存在的各项规章制度进行清理，对不合时宜的部分制度进行废止、修改、完善等，以确保新型规章制度能够更好地发挥出全体教职员工与学生的积极性、主动性与创造性，真正实现高校内部的规章制度体系的协调统一。

3. 增强法治意识

借助于法治教育提高全体教职员工与学生的法治意识，始终坚持法律面前人人平等，所有人都应当依据规章制度与法律规定对问题进行处理。学校内部的领导干部应当坚持不使用特权，真正做到不越位、不失位、不错位。

积极培养全体公民对于私权益的维权意识与对于公权益的监督意识，要善于使用诉讼解决问题，通过合法的途径表达自身的诉求，维护自身合法权益。总之，要让社会成员更加信任法律、依赖法律，从而使得人人都拥有法治思维。

4. 增强法治思维

若想要更好地培养大学生的法治信仰，就应当重视对大学生的法治思维方式的培养。通常来讲，法治思维就是以法治的固有特性为基础以及对法治的信念，认识事物、判断是非与解决问题的思维方式。经过对大学生的法治信仰的培养，不但要正确引导大学生对法治重要性认知的深入，还应当加深其对党的领导、人民当家作主与依法治国的有机结合与统一，使其能够深入了解法治的本质，从而养成法治思维，最终正确地实现对法治的信仰与坚守。经历了法治教育的大学生应当正确运用法律上的事实对是非进行分辨，在法律的框架之内，明确自己所拥有的权利，以及所要付出的义务。

5. 建立和完善师生权利救济制度

通过建立与完善师生权利的救济制度就能够有效保障教师与学生所拥有的知情权、陈述权、申辩权，由此就能够有效保障全体教师与学生及员工的合法权益。

6. 遵守法治规范

通常来讲法治国家与法治社会等都是建立在规则与秩序的基础之上的。由此，我们需要明确一点，在对大学生的法治信仰进行构建的时候，我们应当为其传授相应的规范，并使其明确认知遵守规范与遵守规则所代表的重要性。一个完整的社会，需要有秩序进行维护，若想要建立起法治国家与法治社会，就应当为其配备相应的规范与秩序。只有存在于社会中的人全都遵守规范与规则，如此才能使社会秩序趋于稳定，使得大学生的法治信仰得以锚定。青年大学生有着较高的文化水平，这就需要这一群体对我国的法律法规进行深入的了解，并严格遵守相关的规范并尊重所制定的规则，由此才能够更好地培养自身的法治信仰。

7. 坚定法治信仰

若是想要推行法治，不但要培养对于法律的理性认知与法治思维的方式，还应当建立起坚定的法治信仰。我们需要明确的一点是，不管法律条文如何完备，不管民众对于各项法律条文如何熟悉，若是法治精神不能够成为全民信仰就很难说明我国的法治建设获得了成功。在党的十八大中就明确规定了需要使法治成为我国的全民信仰，使其能够更好地推动我国的社会文明的进步。现代大学生的主要任务就是建立法治国家、法治政府与法治社会，需要积极弘扬社会主义法治精神，养成依法办事的习惯，使得自身成为社会主义法治的拥护者、践行者。

（四）发挥家庭、学校和社会的合力作用

若想要成功构建大学生的法治信仰，就应当明确这是一项系统工程，需要耗费很长的时间，要对学校、家庭与社会的法治教育资源进行重视并加以整合，从而发挥出合力，成功构建大学生学习生活所需的良好的法治环境。高校存在的最主要的任务就是辅助大学生学习法律知识、培养法治思维、构建法治信仰。因为父母会在潜移默化当中对学生产生影响，所以父母应当有意识地提高自身的法律素质与法治意识，从而有效促进子女构建法治信仰。要充分发挥出社会中所存在的教育资源的作用，从而营造出良好的氛围，最终为培养高校大学生的法治信仰创造和谐的局面。

（五）利用互联网平台培养大学生法治信仰

当前社会的发展已经进入"互联网＋"的时代，通过网络对大学生的法治意识与法治观念进行提高是极为重要的事情。现阶段十分盛行的互联网络不仅能够促进大学生的生活、学习与人际交往的便利，但也在一定程度上为大学生的法治意识与法治观念带来了负面的影响。基于辩证的角度，我们认为网络环境不但会严重影响大学生的法治信仰的养成，还可能会成为高校培养大学生法治观念与法治信仰宣传的平台。有助于进一步提升大学生的法治意识与观念，从而帮助大学生更好地形成法治信仰。总的来说，我们对于网络环境的态度应当为坚持

取其精华，弃其糟粕。积极净化网络环境，坚决打击并遏制网络当中出现的各种违法犯罪的行为，通过网络对高校大学生的法治观念形成积极且健康向上的影响。

1.建立合理而有效的网络监管机制

伴随着科技的发展，网络已经成为大学生日常学习与生活中极为重要的一部分。但是需要注意的是，网络世界的各种信息良莠不齐，很容易对大学生的价值观造成严重的影响，又因为大学时期的大学生的法治观念与法治信仰并没有被完全的建立，这就导致大学生极易冲动，很容易被人利用。高校相关负责人应当加强大学生对于网络信息的筛选的能力培养，使得大学生能够避免受到网络中的不良信息的影响。并且，学校与相关的管理机构应当积极合作，对部分网络中的不良信息进行清理，并且还需要加强网络监管机制，让科学且先进的思想占据高校网络阵地。

2.积极探索网络法治教育课堂的具体教学办法

对于大学生来说，网络的存在对于自己的法治意识与法治观念的养成存在着正面与负面的影响，若是对其进行合理的处理就能够促进自身对于良善的法治意识与法治信仰的养成。总的来说，各高校应当积极建立网络法治教育的课堂，更好地帮助学生进行法治教育，通过举办各种活动，使得大学生都能够参与其中进行互动，由此就能够获得良好的效果。

总之，信息社会时代，网络技术迅猛发展。网络环境下的教育过程，主要是通过使用数量众多的、丰富且生动有趣的信息对人的思想观念进行潜移默化的影响，甚至于还会影响到一个人的价值观与精神状态。高校在进行法治教育的过程当中，借助于网络的优势，有效地增强了法治教育的最终效果。作为新时期的法治教育的载体，互联网当中存在的信息十分丰富，在形式上也是多种多样的，由此就能够有效弥补传统的法治教育的形式单一的问题，以及教学手段落后等缺陷。通过对网络法治教育的大力开发能够更快地实现法治教育的网络化，更加丰富法治教育的内涵，提高高校的法治教育的实效性。

我们应利用网络内容丰富、资源共享、互动交流、渗透性强、时空无限、联系便捷等优势和特点，构建高校、家庭、社会相结合的大学生法治教育网络。现阶段的社会形式在不断地变化，为更好地开展法治教育就应当积极改变自身的传统的教学思路与教学方法，将学校所教授的法治教育与社会教育进行有机结合，使得社区教育资源与公、检、法等部门进行合作，使学校、社会、家庭形成教育合力，使得学生获得更加良好的学习效果。因为网络本身的便利属性，更加方便家庭、社会与学校之间的联系与资源的利用。学校可以通过网络召开网上家长会，与众多的学生家长进行网上交流，更加方便且高效，还能够方便家长更加准确地了解到自己家的孩子的在校表现等，也能够通过网络引导学生家长学习科学的教育子女的方式方法，使得法治教育与家庭教育进行充分的融合。除此之外，网络不具有地域性，可以方便地邀请各地的专业人士通过网络开展法律法规的辅导等活动，还能够与公、检、法、律师事务所等共同建立网上法治教育基地，更加方便且高效地进行案例分析与法律咨询等等，从而有效形成育人合力。另外，还可以通过现阶段已经出现在社会上的各种网络建设的成果，与社会法治宣传进行有机结合，从而创办一些饱含趣味性、教育性、知识性的网络法治教育，潜移默化地进行法治教育。

（六）创新现代法治文化

对于人来说，文化的影响是全局性的、根本性的，人类不但可以创造文化，还能够被文化所影响、塑造。法治文化的存在直接影响到一个国家的法治水平的高低，借助于法治文化，能够更好地培育出一个健全的法治社会。但是法治文化建设本身属于一项十分复杂的系统工程，这个过程是渐进的，缓慢的，需要政府推进与民间自觉的双向良性互动。

法治观念与法治精神应当被全社会尊崇，在对青少年进行教育的过程当中应当将法治教育与之结合，依据不同的群体的不同特点，有针对性地将法治教育与各类教育进行深入的结合，注重全民法律素养的全面提升。

五、大学生法治信仰的教育意义

（一）培养合格的社会主义建设者和接班人的需要

一名合格的社会主义建设者和接班人，不仅需要具备文化素养、专业基础知识和工作能力，而且需要有规则意识、法治观念，为人的首要标准就是需要遵纪守法。通过加强对高校内部的大学生的法治素养教育，有效促进各大学生的法治素养的提升，才能使大学生充分认识到实施全面依法治国的重要意义，成为法治中国的践行者。

（二）依法治校的基础

作为我国的各大高校的全面依法治国的基本的战略需求，需要坚持依法治校，加快推进现代大学改革进度，提升管理水平和人才培养质量。对于广大大学生而言，只有具备了法治信仰，才能确保法治校园的建立。与此同时，只有依法治校真正落到实处，才能使青年学生的法治教育内容与环境高度一致，从而大大提升大学生法治教育的实效。

（三）依法治国的保证

我国若想要建设法治国家就必须重点培育公民的法治信仰，若是没有积极的法治信仰，就很难在社会中推行法治。只有人民懂得法治存在的中心思想，才能够凸显出法律的可贵之处。经过对我国历年来推行法治建设中所存在的问题进行研究，可以明显地发现，法治推行的难易与人民信仰法治的程度有着直接的联系。毕竟，每个人的内心都存在着七情六欲，很容易影响到法治的建设，若是所有人都能够发自内心地拥戴法律就能够有效促进一个社会的长治久安。对于一个社会来说，若是人民不信仰法治，无论这个社会中的法律如何完备，存在的法律也会形同虚设，甚至于"善法"会被人曲解为"恶法"。所以说，为更好地推动法治社会的建设，我国应当重视对公民的法治信仰的培养。当代大学生的法治信仰的存在状况在一定程度上直接决定了在未来的很长一段时间之内的我国人民的法治信仰的具体走向。若是现代的大学生能够真诚地拥护法治，并积极促进法治事业的有序发展，从而营造尊法、守法、用法的良好氛围，就能够更好地辅助依法治国的全面推行。总的来说，为了日后的法治国家的建设，我们应当积极培育高校大学生的法治信仰。

第二节　法治高校的理论审视

《高等法学教育贯彻十八届四中全会精神的教学指导意见》指出，高等法学教育要坚持遵循规律、有机融入。要遵循教育教学规律和法治人才培养规律，把党的十八届四中全会审议通过的《中共中央关于全面推进依法治国若干重大问题的决定》（以下简称《决定》）的精神，特别是提出的新思想、新观点、新论断、新要求进行科学有机的学理转化，调整教学大纲，更新教学内容，完善知识体系；根据教学内容，改革教学方法，调动学生学习的积极性、主动性，提高课堂教学水平和法治人才培养质量。实践证明，生而知法、懂法的法治人才是不存在，只有各培养单位有目的、有计划坚持不懈地对有志于法律工作的人才进行教育和训练，才有可能培养出优秀的法治人才。和其他专业领域的人才相比，法治人才是有着一定的特殊性的：首先，就活动范围来说，法治人才活跃于特定的"法治"领域；其次，从未来的服务行业来说，法治人才未来的就业方向为立法、执法、司法等部门从事法治实践服务和法学教育研究；再次，从就业资格来说，法治人才必须具备特定的专业技能和职业伦理标准。因此法学教育要立足于中国特色社会主义法治的目标，遵循法律职业人应具有的专业素养和能力，培养正规化、专门化的法治人才。

一、国家社会发展的时代

既然法治人才培养与中国特色社会主义法治国家建设及全面依法治国战略目标的实现紧密相关，那么，法治人才培养首要应尊重国家和社会发展的时代规律。在法治已经成为治国理政基本方略的当下，法治人才培养是国家长治久安的内在动力，是壮大创新型人才队伍的资源保障，承担着中华民族伟大复兴的时代使命与历史责任。如何适应中国特色社会主义法治事业的发展趋势，培养出一大批始终能够忠于党，能够坚定不移地坚持中国特色社会主义法治道路，坚持把我国的根本政治制度、基本政治制度同基本经济制度以及各方面体制机制结合起来，坚持把党的领导、人民当家作主、依法治国结合起来的法治人才队伍建设，是当前面临的一个重大挑战。要加强法治人才队伍建设，要把培养合格的法治人才放在首位，把法治人才资源转化为社会资源的生产力，学校要完善法学理论体系、学科体系、课程体系等，建立符合法治人才队伍特点的管理制度，为实现全面依法治国战略目标打造一支高素质的创新型法治人才队伍。

高校作为法治人才培养的第一阵地，在法治人才的培养上具有学科建设齐全、人才密集的显著优势，为此高校要在法治人才的培养工作中发挥其应有的作用，如高校可以组织法律系师生开展法治领域的基础性问题研究，鼓励同学参加社会实践，对活动中出现的法律问题进行深入的分析和总结。在法治人才培养工作中，要时刻牢记法治人才培养工作中的中国立场和中国意识，推动中国特色法学学科体系的构建，推动中国特色法学教材体系的完善。在明确时代发展中国家和社会面临的新形势、新问题的基础上，继承我国法治人才培养工作的既有成绩和先进经验，与时俱进地回应中国特色社会主义法治建设中的中国问题，将我国的法治人才培养办出中国特色、中国风格和中国气派，并能够切实回应法治国家建设对法治人才的需求。

二、法治人才培养的德育

法治人才培养应特别强调法治人才道德品质的养成规律，尊重法学教育的德育规律。法学教育和任何教育一样，首要注重的是人的品德的培养，培养对社会和国家的责任感、使命感和紧迫感，树立正确的人生观、世界观和价值观，是法科学生的首要素质。新时代法治人才除了上述品德外，鉴于其专业性质与国家法律制度、法治实践联系密切，还必须具有忠于国家和人民、维护法律的权威和尊严、追求正义、维护公正的品德，这是合格法治人才必须具备的基本素质。而且，与其他一般性人才相比，法治人才崇高的思想政治理念和道德品质素养至为关键。由于法治作为治国理政的重要战略意义，法科学生唯有较之一般社会成员更强的正义感、法治意识、法治观念和法治信仰，才不会仅仅把法律知识作为职业工具，而是作为事业奋斗的价值旨趣和崇高志向。这就有赖于法学教育中的德育的重视和普及。法学教育应当帮助学生明辨是非、认清事物的本质，积极向上、胸怀宽广。在法学教育的过程中，要时刻提醒法治人才成为尊法学法守法用法的模范，应积极参与法治实践，以实际行动带动全社会崇德向善，尊法守法，从而营造整个社会的良好法治文化氛围。

为此，法学教育应坚持立德树人，注重培养学生的思想道德素养和法律职业伦理。高等学校应通过课程体系的设置、实践教学体系、参与社会法律公益活动等方式，不断提高法治人才思想道德素养和法治精神，培养法治人才的法治思维和规则意识，将思想道德建设和法律职业伦理的养成贯彻到法治人才的整个培养过程之中。通过加强法治人才思想政治教育、理想信念教育、职业伦理教育和法治信仰教育，深入开展社会主义核心价值观和社会主义法治理念教育，坚持党的领导、人民当家作主、依法治国的有机统一，建设兼具知识、能力与素养的法治工作队伍服务。法科学生是未来从事法律工作的中坚力量，为了推进中国社会主义法治建设健康有序地发展，法科学生必须树立起与中国特色社会主义时代主题高度一致的理想和信念，胸怀祖国和人民，为我国构建社会主义法治社会贡献自己的力量。

三、法治工作队伍的形成

法治人才培养应遵循法治工作队伍形成的行业规律，培养法治人才的职业伦理与社会责任。在当前全面依法治国新时代，法学教育应适应社会多元行业发展的需要，面向全社会培养大批既具有全面系统的法律专业知识，又具有本行业专业知识能力的复合型、应用型、创新型法治人才，满足各级执法部门和管理部门在实施依法治国基本方略中对各级各类执法人员、管理人员提出的必须具备法律素质的职业要求，开展专门培训。为此，法治人才培养应加强法律职业伦理教育，培养法治人才队伍对法律的拥护、忠诚和真诚信仰。在人才培养方案的具体设置中，应将中国特色社会主义法治理论的学习和掌握放在首位，将法律职业伦理教学贯彻到教学过程的各个环节之中。在法律职业准入方面，要明确法律职业伦理的要求，明确将法律职业伦理的考核作为法律职业的准入门槛。

尊重法治工作队伍的形成规律，在法学教育的过程中就应强调法律职业的特殊性，特别是法律职业伦理的重要性。法律工作者及法律从业人员，指的是专门从事立法、执法、司法、法律服务和法律教育研究等工作的职业群体的总称，相比于其他职业群体，法律工作对于从业人员的思想政治素质及法律职业能力都有着较高的要求，不仅要求他们有着较高的思想政治觉悟，而且有着从事法律行业所必需的专业能力，通过法律专业的资格考试后取得相应的证书。对于国家而言，尊重法律人才培养的行业发展规律，就是要高度重视法律人才的培养工作，构建起符合我国国情的法治人才教育体系。国际的交流越发的紧密和频繁，对于精通国际法律的人才的需求越发的迫切，因此要重视双语法治人才的培养工作。加大少数民族法治人才的培养力度，加强广大基层地区的法治人才培养，着力解决好法学教育发展与法治人才培养地区不平衡的问题，不断促进各地区的法学教育资源的平衡配置与法治人才培养的均衡发展。

四、法学教育的教学过程

法治人才培养应注重法学教育的独特规律，将法学知识教学与法治实践教学结合起来。法治人才不仅应当具备良好的专业知识素养，而且应当拥有娴熟的法治实践技能，这就需要在法学教育过程中处理好知识教学和实践教学的关系，让学生具有扎实的理论知识和较强的法治实践能力。法学专业知识的学习是法治人才培养的基本途径。目前，法治人才培养中存在的一个较大问题是，知识教学与实践教学的疏离与脱节。法学理论是法学的根基所在，没有深厚的法学理论基础，就没有法治人才良好的法治能力。因此，新时期的法治人才应该通过加强法学专业基础的学习，尤其是通过法学核心课程的学习，牢牢掌握法学的基本原理、基础知识和专业体系，夯实理论基础。为此，必须优化法治人才培养师资队伍，建设一支高素质的法治人才培养专家和教师队伍。党的十八届四中全会审议通过的《决定》指出：健全政法部门和法学院校、法学研究机构人员双向交流机制，实施高校和法治工作部门人员互聘计划，重点打造一支政治立场坚定、理论功底深厚、熟悉中国国情的高水平法学家和专家团队，建设高素质学术带头人、骨干教师、专兼职教师队伍。法学师资队伍是法治人才培养的宝贵资源。习近平总书记多次强调，教师是人类灵魂的工程师，承担着神圣使命。在传授知识的过程中，教师承担着引路人的重大使命，教师只有自己有着坚定的信念才能帮助学生树立起理想的风帆。为此高校的法学教师必须要不断提升自身的政治思想素质，坚定地拥护和支持党的领导，以敏锐的眼光观察社会热点问题中的法律现象，坚持教书和育人相统一，以身作则，从而更好地承担起学生健康成长指导者的责任。

第三节 高校依法治校探究

依法治校是依法治国的重要组成部分，是依法治教的重要要求和主要内容。《教育规划纲要》提出要大力推进依法治校，要建立完善符合法律规定、体现自身特色的学校章程和制度，依法办学，从严治校。贯彻落实党的十八大及十八届三中、四中全会精神，切实以法治思维和法治方式深入推进教育领域的综合改革，全面实施依法治校的理念，将依法治校作为高校治理的基本原则，落实到学校日常管理中，不断提升高校的管理水平，健全评价指标体系。

一、高校依法治校的内涵

2003年，教育部《关于加强依法治校工作的若干意见》（以下简称《意见》）指出，实行依法治校，就是要求严格按照教育法律的原则与规定，开展教育教学活动，尊重学生人格，维护学生合法权益，形成符合法治精神的育人环境，不断提高学校管理者、教师的法律素质，提高学校依法处理各种关系的能力。实行依法治校，就是要在依法理顺政府与学校的关系、落实学校办学自主权的基础上，完善学校各项民主管理制度，实现学校管理与运行的制度化、规范化、程序化，依法保障学校、举办者、教师、学生的合法权益，形成教育行政部门依法行政，学校依法自主办学、依法接受监督的格局。

依法治校作为一个办学理念，根据主体的不同，可以从两个层面理解。一是宏观层面，即从教育行政法学角度界定，指政府和各级教育行政机关为了规范学校的办学行为而对学校进行的依法治理；二是微观层面，即从学校管理学的角度，学校各参与主体对各项内部事务进行的依法管理。

高校依法治校之"法"根据其制定的主体和效力范围也可分为两大类。一是外部教育立法，二是学校内部的规章制度。就效力而言具有层次性，依次为国家宪法、教育法律、教育行政法规、教育部门规章、其他规范性文件以及学校内部的规章制度等。依法治校强调法律法规是学校管理的主要依据，是高校办学行为的行动指南。依法治校之"治"是治理，是一种管理行为。治的主体是高校的各类参与者，既包括管理者，也包括教师和学生在内的学校各参与主体，治的对象是学校的各类管理事项。

二、高校依法治校的推进历程

（一）依法治校的提出和推进

1999 年 12 月，我国首次召开全国教育法治工作会议，并且指出了依法治校就是要在依法理顺政府和学校两者之间的关系，以及充分落实学校办学自主权的基础上，实现学校管理与运行机制的制度化和规范化，从而最终形成政府宏观管理，学校依法按照章程自主办学，依法接受监督的新格局。1999 年教育部印发的《关于加强教育法治建设的意见》明确提出积极推进依法治校，并从学校章程建设、校务公开、教职工代表大会建设、维护权益等方面提出了原则要求。随着依法治国进程的加快和教育改革的深入，法治成为教育行政管理和学校内部管理的重要手段，依法治教、依法行政、依法治校等逐步深入。

2003 年 7 月教育部印发的《意见》，正式提出依法治校理念，明确了依法治校的内涵以及核心任务，逐步将学校办学活动和教育管理纳入依法治理的轨道。《意见》指出在高校内贯彻实施依法治校就是要将学校的教育管理工作纳入法治轨道中。依法治校理念的落实不仅是高校深化教育改革、推动教育发展的重要内容，而且是新时期完成教育工作历史使命的重要保障。2010 年全国教育工作会议的召开和《教育规划纲要》的颁布实施，使依法治校工作面临着新的形势和使命，推动依法治校工作进入了新阶段。

2000 年以来，依法治校工作在高校内普遍开展起来，教育部和地方教育行政部门对于高校开展的依法治校工作给予了大力的支持，指导高校构建完善的规章制度，在学生管理和教师权益保护方面做出了突出的贡献。高校根据社会发展需求及时调整管理理念，使得学校的依法决策和民主管理的水平不断提高。为了保障广大师生的合法权益，高校还出台了信息公开制度，鼓励师生对学校进行监督。2000—2011 年，国家和相关部门颁布和修订了大量全国性教育法律、法规、规章等规范性文件，积极推进依法治校工作。其中基础教育 9 项，职业技术教育 6 项，高等教育 12 项，学位管理与研究生教育 2 项，特殊教育 5 项，留学教育 2 项，学校文体、卫生、安全 13 项，民办教育与合作办学 2 项，教师队伍建设 5 项，未成年人犯罪与保护 7 项，为积极推进依法治校工作奠定了良好的基础。

（二）依法治校的新阶段

2012 年 11 月教育部印发了《全面推进依法治校实施纲要》（以下简称《实施纲要》）。制定出台《实施纲要》是教育部贯彻落实党的十八大精神和《教育规划纲要》的一项重要举措。各级各类学校是国家的重要组成部分，依法治国方略的贯彻实施离不开各级学校的支持。各级学校立足本校发展的实际情况，倡导的依法治校的理念不仅是落实依法治国基本方略的必然要求，也是构建自主管理、民众监督的现代学校制度的必由之路。颁布《实施纲要》，根本目的在于促使各地和各级各类学校深刻认识依法治校的重要性和紧迫性，明确推进依法治校的思路、举措和重点。积极推进依法治校的实践，加快形成政府依法管理学校，学校依法办学、自主管理，教师依法执教，社会依法支持和管理学校的新格局，使法治成为政府管理学校和学校内部治理的基本方式。《实施纲要》根据已有实践和新的形势，对切实推进依法治校提出了新要求。

一是全面部署。《实施纲要》从学校办学和管理的核心出发，涉及小学、初中、高中、大学等各级学校，范围涵盖了城市和农村中的各类学校，具有全面性和广泛性的特点。

二是全面阐释内涵和要求。《实施纲要》从中国教育的实际出发，全面阐述了依法治校的内涵、意义和指导思想，对各级各类学校提出了宏观且系统的要求，并针对《实施纲要》的落实提出了具体的举措。

三是全面推进实施。《实施纲要》以提升学校依法治校的能力和水平作为根本目标，对学校办学管理提出了具体的工作要求：学校要健全依法办学自主管理的制度体系；针对学校发展的战略规划调整内部治理结构，遵循国家法律法规，依法办学；对于家庭贫困的学生，健全校内权利救济制度；加大依法治国的宣传力度，营造学校法治文化氛围；健全依法治校评价考核机制等。

四是全面动员各方力量。《实施纲要》明确了政府及学校内部各个主体，以及社会在推进依法治校中的地位、职责及权利义务，构建了广泛参与、共同推进的格局。

为深入推进《实施纲要》的贯彻落实，教育部以高等学校现代大学制度建设为重点，加强法律法规等的制定，仅 2014 年就制定出全国性高等教育规范性文件 9 项，如《高等学校学术委员会章程》《教育部高等学校章程核准工作规程》《普通高等学校招生违规行为处理暂行办法》《高等学校理事会章程（试行）》《高等学校学生学籍学历电子注册办法》等。

三、全面推进高校依法治校的紧迫性与重要性

（一）全面推进高校依法治校的紧迫性

1999 年以来，特别是《教育规划纲要》提出大力推进依法治校以来，高校依法治校工作取得了长足的进步，各地教育规划纲要针对推进依法治校工作提出了具体要求，以依法治校示范校创建活动为抓手的依法治校实践活动积极开展，大学章程建设快速推进，学校普法教育积极开展，以减少行政审批和加强依法行政为保障的政府教育管理职能和管理方式的转变为依法治校提供了良好的外部环境，各地各学校在推进依法治校过程中积极创新，形成了丰富的成功经验和实践成果，各级各类学校对依法治校的认识明显提高。但是，在依法治校工作上，仍然存在对依法治校重要意义认识不到位、制度建设不够重视、工作进展不平衡等问题。政府教育管理职能转变未完全到位，部分教育行政管理人员依法行政意识和能力等不强。人民群众反映强烈的违法办学、违规招生、违规收费等问题在个别地区和学校还时有发生。学校管理者和教师运用法律手段保护自身权益、依法对学生实施教育与管理能力和意识有待提高，权利救济制度不健全等。因此，必须全面深入推进依法治校，保障和促进教育事业健康发展，努力办好人民满意的教育。

（二）全面推进高校依法治校的重要性

（1）全面推进依法治校是落实依法治国基本方略、建设社会主义法治国家的客观要求。党的十五大提出依法治国基本方略以来，国家法治建设进入了新的阶段。党的十八大进一步强调法治的地位和作用，强调全面推进依法治国，将依法治国基本方略全面落实，法治政府基本建成，司法公信力不断提高，人权得到切实尊重和保障作为全面建成小康社会新的更高目标。党的十八届四中全会通过的《决定》，使法治中国建设从一种概念化、宏观化的愿景，进入到一个有操作性、实践性的具体方案。依法治校是落实依法治国基本方略的必然要求和具体实践。

作为民生之首的教育领域，落实依法治国基本方略，必须全面推进依法治教、依法治校，才能真正将教育活动纳入法治化轨道，保障公民依据宪法享有的受教

育权落到实处。同时，学校肩负落实党和国家教育方针、培养社会主义合格公民的重要历史使命。对广大青少年学生进行持之以恒、行之有效的法治教育，提高其民主法治意识和知法、尊法、守法的能力，是建设法治中国的前提和基础。建设法治中国，各级各类学校责无旁贷。

（2）全面推进依法治校，是深化教育体制改革，推进政校分开、管办分离，构建政府、学校、社会之间的新型关系，建设现代学校制度的内在要求。现代学校制度是适应现代社会发展要求，反映学校与政府、社会关系的治理模式、制度规范和行为准则，其本质属性是法治。建立现代学校制度，是新时期推进教育改革、实现科学发展、提高教育质量的必然要求和重要保障。

推进政校分开、管办分离，要求推进依法行政、依法治校。推进政校分开、管办分离是建设现代学校制度的基础和保障，关键要依法理顺政府与学校的不同职权，解决学校举办者、管理者和办学者的不同主体及其职责履行方式。学校作为办学自主权的实施主体，必须建立更加完善的内部管理体制和监督制约机制，为更好地行使办学自主权奠定基础。办学自主权是学校履行其职责必需的并被法律所确认的基本权利，落实和扩大办学自主权，一直是高校和社会广泛呼吁的教育改革的重点问题，也是当前教育管理体制改革的一项重要任务，因此在落实和扩大办学自主权要求的同时，必须加快推进依法治校。

（3）全面推进依法治校，是适应教育发展新形势，提高管理水平与效益，维护学校、教师、学生各方合法权益，全面提高人才培养质量，实现教育现代化的重要保障。改革开放以来，中国教育已实现了从规模为主的发展阶段进入质量提升的全新阶段，以提高质量和促进公平为核心的内涵式发展已经成为各级各类教育，尤其是高等教育的基本发展方式。内涵发展对制度建设、管理创新和权益保障提出了新的要求，依法治校是实现内涵式发展的必然要求和重要保障。

依法治校要求完善学校内部治理结构，建立健全教职工、利益相关者参与机制，从而促进学校形成科学民主决策机制，提高管理效益。完善教育救济制度，建立健全符合法治原则的教育救济制度，依法保障学生受教育权和教师合法权益，要求更新人才培养观念，加强和改善对青少年学生的社会主义法治理想教育，培养社会主义合格公民。全面推进依法治校，也是解决学校面临日趋复杂的法律事务的需要。

随着教育事业改革与发展的深入，教育领域已发生了天翻地覆的变化。不仅教育行政部门与学校之间，学校与教师之间形成了复杂的权利义务关系，而且学校与学生之间的关系也变得越发的复杂。法律是破解当前纷繁复杂局面的主要手段，各方都需要通过法律来维护自身的合法权益。面对教育行政管理、学校管理中出现的新情况、新问题，迫切需要更多的法律手段来进行调整和规范。

依法治校对于高等学校的改革和发展具有重要意义，具体表现在以下四个方面。首先，完善的内部治理结构和制度体系是依法治校的前提和基础，是建设一流大学的基本保证。其次，健全的内部监督机制是建设现代大学的制度保障，依法治校将使学校的自我监督机制更加的完善，进而形成自我监督、自我约束的发展机制，依法治校对于高校办学自主权的落实有着积极意义。再次，随着高等教育由精英化向大众化普及，高校的办学规模逐步扩大，招生人数也在逐年上升，高等学校面对的情况也日渐复杂，依法治校是学校应对自身发展需求，建立科学、民主的管理体制的必由之路。最后，现代教育理念的不断深入，学生成为学校的主体，维护学生、教师的合法权益成为高等学校改革的必然要求，依法治校畅通了保护学生、教师权力的规范渠道，有利于化解内部矛盾、建构和谐校园。

四、全面推进高校依法治校的指导思想和总体要求

（一）全面推进高校依法治校的指导思想

1.坚持以中国特色社会主义理论为指导

全面推进依法治校，必须以中国特色社会主义理论为指导，坚持社会主义办学方向，弘扬和践行社会主义核心价值体系，将坚持和改善学校党的领导与学校的依法治理紧密结合起来。

2.坚持立德树人

全面贯彻国家教育方针。全面推进依法治校，必须全面贯彻国家教育方针，把立德树人，培养德智体美劳全面发展的社会主义建设者和接班人作为学校教育的根本任务，全面提高学校领导、教职工和学生的法律素质，加强公民意识教育，培养社会主义合格公民。

3. 坚持以人为本

以人为本既是科学发展观的本质要求，也是法治的精髓。全面推进依法治校，要求调动和发挥师生的积极性，服务于人才培养的最终目的。因此，必须坚持以人为本，依法办学，积极落实教师、学生的主体地位，依法保障师生的合法权利。

4. 坚持转变理念和方式

依法治校是从理念到制度、行为规范、治理方式的根本性转变。理念和方式的转变，是依法治校的基础和关键。全面推进依法治校，要提高学校管理者的法律素质和师生的法律意识与参与意识，才能形成法治思维和法治方式，依法治校才能成为学校治理的自觉方式。学校管理方式的转变，必须与学校管理效率和效益结合起来，才能真正调动学校利益相关者的积极性，从而提高学校管理效率和效益，为全面推进依法治国和全面实现教育现代化打下坚实的基础。

（二）全面推进高校依法治校的总体要求

1. 治理模式的转变

一直以来，学校作为政府的附属事业单位，在很长时间内没有真正成为独立的办学实体，学校潜移默化地移植政府管理方式用于学校内部事务，导致出现所谓的"行政化"问题。要改革治理模式，学校要牢固树立依法办事、尊重章程、法律规则面前人人平等的理念，建立公正合法、系统完善的制度与程序，保证学校的办学宗旨、教育活动与制度规范符合民主法治、自由平等、公平正义的社会主义法治理念要求。

2. 治理目标的转变

要以建设现代学校制度为目标，落实和规范学校办学自主权，形成政府依法管理学校，学校依法办学、自主管理，教师依法执教，社会依法支持和参与学校管理的格局。

3. 依法治校的着力点

要以提高学校章程及制度建设质量、规范和制约管理权力运行、推动基层民主建设、健全权利保障和救济机制为着力点，增强运用法治思维和法律手段解决学校改革发展中突出矛盾和问题的能力，全面提高学校依法管理的能力和水平。

4.依法治校的关键环节

要切实落实师生主体地位，大力提高自律意识、服务意识，依法落实和保障师生的知情权、参与权、表达权和监督权，积极建设民主校园、和谐校园、平安校园。

五、发达国家高校依法治校运行机制及启示

经过数百年积淀，许多发达国家名牌大学都已形成了比较健全的现代大学制度，经历了大学制度化的成熟阶段，形成了依法治校的良好氛围。尽管各国国情不同、政体各异，但在重视发展高等教育、特别是推进依法治校方面，值得我们求同存异、予以借鉴。

（一）发达国家高校依法治校运行机制

1.德国

（1）重视教育立法和制定教育政策

与其他教育发达国家一样，教育立法和教育政策一直是联邦德国管理本国教育事业的基本手段和途径。

德国是实行教育立法较早的国家，早在18世纪就已经有了比较完整的教育法规。19世纪，德国已逐步完善各类教育法规。《联邦德国高等学校总法》是德国的教育宪法，与此法相配套，还有一系列的法律法规来规范德国的高等教育。为了推动德国高等教育现代化的进程，联邦政府于1976年颁布了《高等学校总纲法》，该文件详细规定了高等学校的任务，高等学校中的教职人员开展教学与科研工作时应遵循的原则等；1985年政府对《高等学校总纲法》进行修改，重点强调了政府对高等学校的宏观管理能力。根据此法，大学的办学经费不再受政府预算的限制，大学可以根据自己的意愿和客观需求自主决定学校费用的使用方式。

重视教育的长期发展计划，是联邦德国教育决策的一个重要特征。1953年以来，联邦政府和教育机构先后设立了德国教育计划委员会、德国教育顾问委员会、联邦与州教育计划委员会等机构，专门致力于研究、制订教育发展的长期计划，作为教育法和教育决策的依据。经过联邦政府的努力，法律法规几乎覆盖了高等教育的所有环节，几乎所有涉及高等教育的问题都有相应的法律规定。

（2）大学与政府关系密切

德国的大学大多数是由政府创办的，也就是说大学自从建立之日起就与政府保持着密切的关系。如德国最初设立的海德堡大学的办校经费就是由当时的政府提供的。由于德国大学所具有浓厚的"政府色彩"，意味着它在一定程度上要接受政府的管理。德国政府在大学中处于管理者的地位，对于涉及科研合作、重要资产处置等重大事务，政府享有最终的决定权，不仅如此，政府还决定着大学的人事管理权，大学经费的使用也要遵守政府制订的计划。

纵观德国的大学，可以发现大部分大学都处在政府的直接控制下，只有极少数的大学享有自治权。尽管德国的大学由政府进行管理，但是高校内部的教师却拥有较大的学术自主权。20世纪60年代以来，德国政府先后推出了一系列的高等教育改革措施，扩大了高等学校的办学自主权。

（3）大学教师拥有较高学术自主权

教授学者是德国高校教学科研的核心力量，他们的职责包括组织教学和科研活动，决定科研方向并筹集科研经费，指导博士生和大学毕业生的科学论文，聘用各种教学和科研人员等。学术中层是高校的骨干教师，他们属于教授之下的教学科研人员。德国大学的教授学者享有高度的学术自由和自治权；在课程设置方面，教授根据教育法中关于专业课程的设置规则自由开设课程，行政部门无权审改；教学内容和教学形式由教授自由决定；学生的学习水准、学习进程等完全由教授审核并做出判断，对教授作出的判断，行政管理部门只是备案，无权更改；教授的研究经费直接由政府划拨，不需要经过学校，他们可以独自决定讲座内的人、财、物的使用；多数教授拥有自己的研究所，研究所内的资金和设备完全由教授自己掌控；教授可以自由地与企业、公司、基金会和社会团体建立各种联系，自由确定合作内容，自由转让技术，行政部门无权过问，也无权就教授所得进行提成。

（4）大学内部管理组织权力微弱

德国公立大学实行三级管理模式，分别是大学、院系、讲座及研究所。基于大学教授享有高度自主权的传统，其内部管理明显呈现出倒置式特点，越往上，权利和责任越小。

校级层面的管理职位和权力机构包括正副校长、校务长、校代表大会、校评议会、校长办公室以及各种常设委员会，有的大学还设有校董事会。院系一级一般设有评议会，负责院长和副院长选举、组建师资聘任委员会、制定备选教授资格及博士学位章程、制订修业考试计划、确定教学内容、管理图书及院系内务。

另外，院系一般也都设有教学委员会、科研委员会和总务委员会等机构。讲座一般由教授主持，且一个讲座一般只设一名教授，该教授全权负责，是讲座的绝对权威，在讲座组织、教学内容等方面享有很大自由。但是，由于政府对大学管理事务一手包揽的态度和做法，使得德国大学组织对学校决策事务漠不关心，因为最终的决定权还是掌握在政府手中，大学组织在参与学校管理决策方面的权力较为微弱。

校评议会的职责主要包括三个方面，它是校代表大会的建议机构，如提出学校规章制度修改建议、提出校长及领导委员会候选人建议等。它负责大学层面几乎所有与教学、研究相关的事务，如教授评聘、兼课教师聘用、课程审批、确定研究重点等。另外，它还负责校级财务政策，向州政府提交财务预算报告等。

2. 英国

相比德国的大学，英国大学的自主性更强。英国大学自建立起就将学术自由和大学自治作为基本的办学原则，牛津大学和剑桥大学就是体现英国大学自治的典型代表。

（1）政府对大学实行非直接干预政策

英国大学始终保持较大自治权的根源在于，英国大学的办学经费并不是由政府提供的，而是来自民间机构的扶持。政府在处理与大学的关系时要遵循两个原则：一是英国宪法承认大学具有自治权，政府希望大学能够自主地处理大学内的所有事务，政府最好不要干预大学管理。二是政府和大学都有着各自承担的责任，对于政府应该承担的责任不能推诿给大学。政府对于大学的影响主要在于财政拨款，为了贯彻英国不介入大学管理的态度，英国政府成立了大学拨款委员会这一中介机构来专门管理大学的拨款业务，该委员会决定拨款对象和拨款数额。

（2）大学拥有高度自治权

英国向来以大学自治著称，英国的高等学校是经国家特许的独立法人，中央政府不过问其学校事务。英国的大学校长和教师也享有较大的独立自主权，对于学校日常的行政事务，一般都由学校自己全权处理，不受政府的影响，必要时与学校教师协商后共同处理。近年来，英国在大学自治权方面不仅保持了传统，而且还有所加强，特别是学术自治方面的加强，1988年和1992年颁布的《高等教育改革法》和《高等教育法》，规定了多种办法和措施来提高大学学术研究的自治地位。

（3）教育中介组织的参与

教育中介组织是介于政府、社会、高校之间的桥梁和纽带，其主要功能是收缩政府职能，提高政府对大学宏观管理效能，同时防止权力滥用，是保证大学自治，使政府能够合理干预大学运行的有效组织和措施之一。英国特别重视教育中介组织的作用，通过中介组织沟通大学与政府的关系，通过校董事会，理事会加强与校外的交流。在英国存在了70年之久的UGC被UFC所取代，新委员会的任务就是向国务大臣提供咨询，为各大学分配资金。之后由高等教育基金会（HEFC）负责对高等教育机构的资金分配，制订大学整体的财政计划，负责教育质量评估，维护资金资助的稳定性，保持学校的自治。HEFC是典型的高等教育中介组织，它是专为大学而常设的财政委员会，虽隶属于英国教育科学部，但却是独立机构。

3. 美国

据不完全统计，美国现在约有3600所大学，其中的哈佛、纽约、斯坦福更是众所周知的世界一流大学。美国之所以能够在世界高等教育中占有重要地位，最重要的因素是美国在借鉴西方其他国家高等教育经验的基础上进行了本土化的创新，形成了完备的高等教育系统和健全的高等教育制度。

（1）更为完备的大学自治权

美国大学有着悠久的自治传统。美国高等学校的设立实行的是审批制度，任何一个团体和个人只要经过政府的审批都可以建立高等学校。不管公立还是私立高等学校都享有充分的自治权，高校自主地筹集办学经费，自主地决定经费的使用途径。大学还可以自行决定课程计划和课程内容。每个大学的专业设置、教学内容都不相同，没有统一、固定的模式。美国大学可以自主地决定是否聘任教师，无须通过政府审批。

（2）通过董事会制度实行大学民主管理

高校董事会制度是美国大学民主管理的核心代表和集中体现，也是美国高校内部管理制度的特色。美国大学制度之所以能够享誉世界，在很大程度上得益于它的大学董事会制度。董事会制度不仅充分调动了美国社会各方面的办学积极性，为高等教育发展筹措了充足资金，同时还开创了校外人员管理高等学校的先例。

美国高等学校董事会制度有以下四个鲜明的特点。

① 董事会法律地位明确

美国高等学校董事会制度最初是根据特许状成立，而后在法律的保障下稳步发展起来的，美国宪法和教育立法都有关于建立高等学校董事会的规定；法律规定董事会的地位是合法的法人组织，董事长是高等学校的法定代表人。

② 董事会是高等学校最高决策机构

美国高等学校董事会处于高等学校管理系统的顶端，是学校的最高决策机构和权力机构，可视为高等学校的最高法院。

③ 董事会人员构成多样化

美国高等学校董事会中有政府官员代表、企业家、慈善家、社会名流和知名校友，还有一小部分是教职人员和学生代表。从董事会人员构成可以看出，其成员主要来自学校外部，是一种典型的校外人员管理学校的制度。构成人员的多样化保障了董事会决策的民主性和科学性。

④ 董事会与校长关系明确

美国高等学校实行的是董事会领导下的校长负责制，董事会作为学校最高决策机构，其职责主要有确立大学的发展方向与目标，遴选、支持和评价校长，坚持大学长期发展规划，寻求适当的资金来源及确保其运用，维持和改善学校与社会之间的关系，维持学校自治，自我评价。具体的实施工作由校长执行，校长对外代表学校，对内向董事会负责。

（3）依法治教

美国是西方法律制度最为完备的国家，法律至上是美国高等教育系统的最高原则，也是美国大学制度的灵魂所在。

美国重视高等教育的立法是有传统的。美国建国以来，国会根据整个国家的形势和需要，通过了一系列有关高等教育的立法。1862年国会通过了著名的《莫里尔法案》，1958年通过了《国防教育法案》，1963年又通过了《高等教育设施法》。对美国高等教育具有直接意义的重要立法，是1965年的《高等教育法》。美国联邦政府每隔五年都会重新补充和修订《高等教育法》。

在教育领域崇尚依法治教，法律是高等学校管理和运作的基础。美国不存在全国性的高等教育法规，联邦政府无权领导和管理高等教育。美国联邦政府一般不干预高等院校的管理，而主要是通过立法手段对高等教育行使宏观管理。美国政府通过法律赋权的形式规定大学享有充分的办学自主权，将高等教育置于社会发展的重要位置，还在法律的开篇就明确规定了高等教育立法的目的和地位，为有法可依提供了保障，切实保证了高等教育法治化发展的运行轨迹。

4. 日本

真正意义上的日本大学的形成是以东京大学的建立为标志的。明治维新后，皇权主义专制思想、日本自身的高等教育传统和欧洲西方国家的先进办学思想相互作用，形成了具有特色的日本大学制度。

（1）政府对大学实行集权化管理

日本是一个深受东方专制主义文化影响的国家，皇权专制思想浓厚，体现在高等教育管理上就是政府对大学实行全面直接的控制。高等教育的管理权力主要集中在中央政府，文部省作为中央政府管理高等教育的部门，集中管理高等教育事务，文部省被赋予统率本省及其附属诸管理区之督学局、大中小学官员，管理、监督各项事务的广泛权力。无论国立、公立还是私立学校都在很大程度上受文部省的直接管理。在这一体制下，政府实际上是大学制度安排的主体。

（2）计划性运行机制

与高度集权的管理体制相对应的是日本大学的计划性运行机制，其计划性表现在大学均是按计划设立的。高等学校的设置权控制在文部省手中，由文部省决定建立怎样的高等学校，什么时间、什么地点等都有详细计划，不仅公立学校这样，私立院校的设立也必须经过文部省的审批，高等学校的学科设置、招生计划、学校发展规模等也由政府决定；政府还决定高等学校的职能。1886年公布的《帝国大学令》首次对大学的职能进行了定位，并着重培养国家领导人和社会各阶层的力量。

（3）政府重视教育法治化建设

日本高度集中计划性的现代大学制度促成了东京大学在内的一批大学的崛起，使日本成为高等教育强国，这与政府重视教育法治化建设是分不开的。日本的《高等学校教育法》为日本大学有法可依提供了保障，切实保证了高等教育法治化发展的运行轨迹。

（二）发达国家推进高校依法治校的启示

依法治校是国家对教育进行管理的最有效的手段之一，是一个国家教育管理的成熟与先进的标志之一。在全球化浪潮中，各国国情和社会制度的不同，决定了其大学管理体制各具特色，使多元化的管理理念随着社会不断发展变化而出现矛盾与冲突。在高等教育日益走向国际化的今天，通过对以德国、英国、美国、日本为代表的国外大学依法治校具体情况的分析，可以看出四国大学推进依法治校的侧重点虽然不同，但是也有可以借鉴的基本内容。

1. 重视高等教育立法和宏观调研

各国均有重视高等教育立法的传统，政府注重通过法律形式赋予大学权利，大学制度有完备的法律法规体系保障。高等教育法律法规健全，体系完备。政府通过颁布高等教育法案为大学内部制度提供保障，并会根据高等教育发展的状况不断修正法案。

在法律赋权的过程中，四国的共同特点是明确规定政府与大学等权力主体的权限职责、权利义务关系等，使各方的权力内容具体化、明晰化，从而避免因权力内容模糊而引起的权力越位，将大学发展中所涉及的各方面的问题都通过立法形式确定下来，切实做到有法可依，避免因法律空白而引起的管理失范现象。高等教育改革过程中重视法律的作用，或是通过高等教育法律的制定开启高等教育改革的进程，或是将高等教育改革的成果法律化，及时巩固高等教育改革的成果。

2. 依法正确处理政府权力和高等学校自主之间的关系

对于政府、社会和大学在大学管理与发展中的权力分配，各国都基于法律手段来确立。政府都是在运用立法等手段试图寻找一种政府、高等学校、社会三者和谐发展的大学制度模式，实现大学自治与政府管理有机结合。中央集权的国家开始以法律形式下放权力，从宏观上加强对高校的领导；中央集权较弱的国家以高等教育法令形式加强政府的宏观调控力度，扩大对高校的宏观管理权限。

在正确处理政府与高校的关系方面，各国普遍通过立法手段确认了大学的公法人地位，使大学和政府在行政法领域地位相对平等。同时，政府充分放权给大学，大学享有充分的办学自主权。如德国的大部分学校，虽由政府举办，仅向学校派遣一个官员进行监督，但大学本身却是高度自治的，校长的权力也非常有限，通常只是一个象征，大学的内部事务都由大学自身来管理。

3. 依法扩大高等学校的办学自主权

大学自治是英、美国家的传统，它们的大学在产生之初就十分重视给予大学办学自主权，政府和社会较少干预其管理活动，而德、日大学具有集权化管理倾向，政府对大学的干预过多，这些国家已经在积极进行高等教育改革，主要是以高等教育法律法规的形式逐渐赋予大学自主管理的权力，承认大学的独立法人地位，政府权力逐渐退出校园。

各国大学都倡导学术自由。19世纪初，德国的教育部长威廉·洪堡就已经把"教与学的自由"以及"尊重自由的科学研究"作为现代大学的基本原则。在扩大大学办学自主权的过程中，西方国家一直把学术自由作为重中之重。这不仅体现在大学自主权被赋予，而且教授、学者们自身在学术、科研等方面也享有充分的自由、自主。可以说，学术自由是大学自主权的根本，它极大地推动了各国高等教育的发展。

对于政府而言，将以往界限不清的大学举办权、管理权和办学权分离，政府不再大量地介入大学的具体办学行为之中，而是通过成立大学拨款委员会、基金委员会等中介性质的机构，以及利用财政和信息服务等办法来加强宏观管理。

4. 完善大学内部决策机制

在大学内部决策机制方面，各国大学都越来越注重董事会（理事会）制度的建立。各国大学董事会（理事会）制度从根本上确立了大学的独立法人地位，使大学有法可依、自治办学。该制度建立了畅通的社会参与机制和筹资渠道。从各国大学董事会（理事会）制度的具体实施来看，有以下三个特点。

一是董事会（理事会）制度有法可依，有章可循，保障了大学的独立法人地位。董事会或理事会的地位明确，是大学的最高权力机构和决策机构。为了保障这种法人权利，无论是在高校外部还是高校内部，都有一个比较健全的教育法规体系和高校内部的规章系统，高校可以依法治校、依章治校。

二是大学内部的决策机构和执行机构之间，行政权力与学术权力之间划分清晰，机制明了。各国大学治理结构都是以董事会或理事会为核心的大学决策体系和以校长为中心的执行体系的联合，二者的权力、责任都通过章程进行了合理的划分，相互渗透，相互补充。

三是校外人士作为大学董事会（理事会）的成员，参与大学的管理。各国大学不约而同地由多个利益主体的代表组成了董事会（理事会），不同利益主体的代表者通过董事会（理事会）提出利益诉求，进行利益博弈，并在利益博弈后达到利益平衡。

5. 发挥社会中介组织的作用

通过中介组织加强高校与政府和社会的联系已被多数国家所认可，在推进依法治校过程中，各国都将社会中介组织建设作为一项重要内容。充分发挥中介组织的作用，有效缓解了大学与政府的矛盾，促使大学自治与政府管理有机结合。

从各国高校推进依法治校的实践来看，都充分发挥中介组织的作用，由中介机构来调整理顺高校、政府与社会之间的关系，充分发挥大学的自主权。1919年英国大学拨款委员会被认为是中介组织的典型代表。日本还在《国立大学法人法》中提出了加强和完善社会中介组织机构的建设的规定。从中介组织的参与人员看，大多数中介组织是由一些社会上的知名人士，如知名企业家、律师、退休的教授以及部分政府官员组成，或者全部由高校以外的社会人士构成，这样使得决策更加民主化。从其职能看，中介组织自身并不直接与高校发生利益冲突，而是通过发布报告或拨款等方式对高校进行监督，从而使其更具权威性。

6. 提高学校的民主管理化程度

民主管理是现代管理的一个重要原则，也是建立现代大学制度和推进依法治校的客观要求。各国在高等教育改革中积极建立民主管理制度，促进决策机构组成人员多元化和决策机制科学化，并将管理重心下移，各国在改革中有意识地将管理权力向院系一级下放，以利于学术权力与行政权力相互协调，捍卫大学的理想。大学通过落实并加强基层的管理权，进一步健全高校质量评估体系和评价机制、监督机制等，让高校真正拥有充分的办学自主权。

各国大学各类具有决定权的管理委员会不仅有资深教授参加，也有一些普通教师参加，由此形成了西欧大学的教授治校以及美国大学的教授治学制度，甚至学生也能参与其中。民主的氛围有利于学术权力与行政权力相互协调，也是各国大学制度日益完善的良好土壤。

六、高校依法治校的对策

（一）健全高校治理结构

1. 健全高校的领导体制

高校肩负着传授文明、生产知识、创新科学的时代重任，内含着相对独立的学术规律。为了推动我国高等教育事业的发展，高校在管理体制上进行过多方的探索，最终确立了党委领导下的校长负责制。《中华人民共和国高等教育法》以法律的形式将党委领导下的校长负责制明确下来，并将该制度上升到教育方针的高度。多年来，在该制度的引导下，我国高等院校贯彻社会主义办学方向，为社会培养了大批优秀人才，为社会主义事业的蓬勃发展提供了智力保障。实践证明，党委领导下的校长负责制是我国建设现代化的社会主义教育事业的必由之路，符合我国国情和高等教育发展规律。高等学校肩负着培养中国特色社会主义事业接班人的重要使命。为此，高校要坚定不移加强高校党的政治建设，夯实思想政治基础，加强马克思主义的学习、研究工作，引导学生运用马克思主义立场、观点和方法观察世界、分析世界，增强政治责任感和使命感。

随着社会经济的发展，高校在发展过程中遇到了许多新情况、新问题。如何坚持和完善党委领导下的负责制，推动高校稳定高速的发展成为高校亟待解决的重要问题。历经时间的考验，高等学校在管理体制的改革中积累了很多成功的经验，需要上升到制度层面加以规范。

高校作为集人才培养、学术科研、社会服务、文化传承创新、国际交流与合作等职能于一身的学术机构，其治理结构与政府、企事业单位和社会组织均有显著区别。这就决定了高校坚持和完善的党委领导下的校长负责制，既要符合党委领导的一般规定，又要考虑高校的特殊性。如果将高校比作一艘船，高校党委就是这艘船的船舵。只有党委在高校的领导中处于核心地位，才能正确地引领高校的发展方向。党委统一领导高校的工作，对于高校的各项事务从全局上进行把控，而不是大包大揽所有的行政事务，党委工作的重点要放在党的建设上，尊重和支持校长独立负责地开展工作。校长在党委的领导下，依法行使职权，确保党的领导落实到学校教学、科研等环节。

（1）党委统一领导学校工作

高等学校党委会是学校的领导核心，履行党章等规定的各项职责，把握学校发展方向，决定学校重大问题，监督重大决议执行，支持校长依法独立负责地行使职权，保证以人才培养为中心的各项任务完成。

全面贯彻执行党的路线方针政策、党的教育方针，坚持社会主义办学方向，坚持立德树人，依法治校，依靠全校师生员工推动学校科学发展，培养德智体美全面发展的中国特色社会主义事业合格建设者和可靠接班人；讨论决定事关学校改革发展稳定及教学、科研、行政管理中的重大事项和基本管理制度；坚持党管干部原则，按照干部管理权限负责干部的选拔、教育、培养、考核和监督，讨论决定学校内部组织机构的设置及其负责人的人选，依照有关程序推荐校级领导干部和后备干部人选；坚持党管人才原则，讨论决定学校人才工作规划和重大人才政策，创新人才工作体制机制，优化人才成长环境，统筹推进学校各类人才队伍建设；领导学校思想政治工作和德育工作，坚持用中国特色社会主义理论体系武装师生员工头脑，培育和践行社会主义核心价值观，牢牢掌握学校意识形态工作的领导权、管理权、话语权，维护学校安全稳定，促进和谐校园建设；加强大学文化建设，发挥文化育人作用，培育良好校风、学风、教风；加强对学校院（系）等基层党组织的领导，做好发展党员和党员教育、管理、服务工作，发展党内基层民主，充分发挥基层党组织的战斗堡垒作用和党员的先锋模范作用，加强学校党委自身建设；领导学校党的纪律检查工作，落实党风廉政建设主体责任，推进惩治和预防腐败体系建设；领导学校工会、共青团、学生会等群众组织和教职工代表大会，做好统一战线工作；讨论决定其他事关师生员工切身利益的重要事项。

高校党委实行集体领导与个人分工负责相结合的制度，坚持民主集中制，集体讨论决定学校重大问题和重要事项，领导班子成员按照分工履行职责。党委书记主持党委全面工作，负责组织党委重要活动，协调党委领导班子成员工作，督促检查党委决议贯彻落实，主动协调党委与校长之间的工作关系，支持校长开展工作。

（2）校长主持学校行政工作

校长是学校的法定代表人，在学校党委领导下，贯彻党的教育方针，组织实施学校党委有关决议，行使《高等教育法》等规定的各项职权，全面负责教学、科研、行政管理工作。

组织拟订和实施学校发展规划、基本管理制度、重要行政规章制度、重大教学科研改革措施、重要办学资源配置方案，组织制定和实施具体规章制度、年度工作计划；组织拟订和实施学校内部组织机构的设置方案，按照国家法律和干部选拔任用工作有关规定，推荐副校长人选，任免内部组织机构的负责人；组织拟订和实施学校人才发展规划、重要人才政策和重大人才工程计划，负责教师队伍建设，依据有关规定聘任与解聘教师以及内部其他工作人员；组织拟订和实施学校重大基本建设、年度经费预算等方案，加强财务管理和审计监督，管理和保护学校资产；组织开展教学活动和科学研究，创新人才培养机制，提高人才培养质量，推进文化传承创新，服务国家和地方经济社会发展，把学校办出特色，争创一流；组织开展思想品德教育，负责学生学籍管理并实施奖励或处分，开展招生和就业工作；做好学校安全稳定和后勤保障工作；组织开展学校对外交流与合作，依法代表学校与各级政府、社会各界和境外机构等签署合作协议，接受社会捐赠；向党委报告重大决议执行情况，向教职工代表大会报告工作，组织处理教职工代表大会、学生代表大会、工会会员代表大会和团员代表大会有关行政工作的提案，支持学校各级党组织、民主党派基层组织、群众组织和学术组织开展工作；履行法律法规和学校章程规定的其他职权。

（3）完善协调运行机制

高校党委领导下的校长负责制是一个不可分割的有机整体，必须坚持党委的领导核心地位，保证校长依法行使职权，建立健全党委统一领导、党政分工合作、协调运行的工作机制。要合理确定领导班子成员分工，明确工作职责。领导班子成员要认真执行集体决定，按照分工积极主动开展工作。

高校领导班子应经常沟通情况、协调工作。党委书记、校长要发扬民主，充分听取和尊重班子成员的意见，支持他们的工作。领导班子成员要相互理解、相互支持，对职责分工交叉的工作，要注意协调配合。

坚持领导干部双重组织生活会制度，提高组织生活质量。认真开好民主生活会，正确运用批评和自我批评的武器，开展积极健康的思想斗争。落实谈心谈话制度，党委书记和校长要定期相互谈心，定期同其他领导班子成员谈心，对在思想、作风、廉洁自律等方面出现的苗头性、倾向性问题，要早提醒、早纠正；领导班子成员之间要经常交流思想、交换意见，努力营造团结共事的和谐氛围。

2.健全高校的决策机制

（1）坚持科学决策、民主决策、依法决策

党委会议和校长办公会议（校务会议）要坚持科学决策、民主决策、依法决策，防止个人或少数人专断和议而不决、决而不行。党委书记和校长要树立政治意识、大局意识，相互信任，加强团结。建立定期沟通制度，及时交流工作情况。党委会议有关教学、科研、行政管理工作等议题，应在会前听取校长意见；校长办公会议（校务会议）的重要议题，应在会前听取党委书记的意见。意见不一致的议题暂缓上会，待进一步交换意见、取得共识后再提交会议讨论。

集体决定重大事项前，党委书记、校长和有关领导班子成员要个别酝酿、充分沟通。讨论决定学校重大问题，应在调查研究基础上提出建议方案，经领导班子成员沟通酝酿且无重大分歧后提交会议讨论决定。对干部任免建议方案，在提交党委会议讨论决定前，应在党委书记、校长、分管组织工作的副书记、纪委书记等范围内进行充分酝酿。

对专业性、技术性较强的重要事项，应经过专家评估及技术、政策、法律咨询。对事关师生员工切身利益的重要事项，应通过教职工代表大会或其他方式，广泛听取师生员工的意见建议。对会议决定的事项如需变更、调整，应根据决策程序进行复议。

（2）贯彻落实"三重一大"决策制度

①"三重一大"事项范围

"三重一大"指的是重大决策事项、重要人事任免事项、重大项目安排事项及大额度资金使用事项。

重大决策事项是指对于关系到高校未来发展前景、高校改革方向以及涉及广大师生切实利益时，高校领导班子要根据有关规定集体研究决定的重要事项。主要包括学校根据教育行政主管部门的要求贯彻执行党和国家的路线方针政策的重大举措；学校宣传法律法规以及上级重要决定的工作；学校加强思想政治教育，做好党的政治建设和党风廉政建设等工作；学校制定发展战略、开展校园文化建设、加强人力资源管理、做好学科建设规划以及年度工作计划；学校依据外部环境的变化，调整内部结构及完善规章制度；学校制定人才发展规划，对于教职工的薪酬待遇及福利待遇的改革；涉及学生利益的重要事项；学校完善财务管理体系，对于年度财务预算方案、决算情况进行审计并监督其执行情况；学校重要资产处置及办学资源的配置；开展校园安全工作、重大突发事件的处理；校级以上表彰，以及其他重大决策事项。

重要人事任免事项是指学校根据发展战略和人才规划，调整领导班子，对于中层及以上干部的任免，需要报送上级机关审批的重要人事事项。主要包括在高校内部组织结构中领导班子成员、并不是领导班子成员但是享有相应待遇的教职人员、党代会代表、人代会代表等，以及其他重要干部人事任免事项。

重大项目安排事项是指对学校规模条件、办学质量等产生重要影响的项目设立和安排。主要包括国家各类重点建设项目，国内国（境）外科学技术文化交流与合作重要项目，重大合资合作项目，重要设备、大宗物资采购和购买服务，重大基本建设和大额度基建修缮项目，以及其他重大项目安排事项。

大额度资金使用事项是指超过学校所规定的党政领导人员有权调动、使用的资金限额的资金调动和使用。主要包括学校年度预算内大额度资金调动和使用、未列入学校年度预算的追加预算和大额度支出，重大捐赠，以及其他大额度资金运作事项。

②"三重一大"决策程序

高等学校"三重一大"事项提交集体决策前，应进行深入细致的研究论证，广泛听取并充分吸收各方面的意见。选拔任免重要干部，应按照有关规定，在党委研究决定前书面征求纪检部门的意见。与师生员工的利益密切相关的事项，要通过教职工代表大会或其他形式听取广大师生员工的意见和建议。对专业性、技术性较强的重要事项，应事先进行专家评估论证和技术、政策法律咨询，提交论证报告或立项报告。

"三重一大"事项应以会议的形式集体研究决策。不得以传阅会签或个别征求意见等方式代替会议决定。会议决定的事项应按照学校议事规则规定提出，议题应经学校党委书记、校长审阅并充分沟通后，方可提交会议研究决策。除紧急情况外，不得临时动议，由个人或少数人临时决定重大事项。紧急情况下由个人或少数人临时决定的，决定人应对决策负责，事后应及时报告并按程序予以追认。

会议决策"三重一大"事项，应符合规定与会人数方能举行。党委讨论决定重要干部任免事项，应有2/3以上的成员到会，并保证与会成员有足够的时间听取情况介绍、充分发表意见。进行表决，以应到会成员超过半数同意形成决定。学校纪检监察部门负责人应列席党委会、校长办公会（校务会议）等重要会议，其他有关职能部门负责人和党代会代表、教代会代表、学生代表等可按有关规定，根据会议议题内容，列席有关会议。

会议研究决定"三重一大"事项，应坚持一题一议，与会人员要充分讨论，对决策建议应分别表示同意、不同意或缓议的意见，并说明理由。主要负责人应当最后发表结论性意见。会议决策中意见分歧较大或者发现有重大情况尚不清楚的，应暂缓决策，待进一步调研或论证后再作决策。党委决定重要事项，应当进行表决。会议决定的事项、参与人及其意见、表决情况、结论等内容，应当完整、详细记录并存档。

参与"三重一大"事项决策的个人对集体决策有不同意见，可以保留或向上级反映，但不得擅自改变或拒绝执行。如遇特殊情况需对决策内容做重大调整，应当重新按规定履行决策程序。

3. 健全高校的民主管理和监督机制

（1）保障高校教职工民主管理和监督的权利

参与民主管理和监督是高校教职工的法定权利。高等学校的依法治校与民主管理紧密相连，教师、学生参与民主管理和监督是实施依法治校的重要内容。高校按照促进学校改革发展、维护教职工合法权益的原则，学校行政依法行使管理权力，组织教职工有序参与民主管理和民主监督，推进党务和校务公开，落实教职工的知情权、参与权、表达权、监督权，教育引导教职工牢固树立社会主义核心价值理念，模范遵守职业道德规范，培养造就高素质的教师队伍。

教代会是高等学校管理体制的重要组成部分，是教职工在学校党委领导下依法行使民主权利、有序参与学校民主管理的基本形式和制度，是实施校务公开工作的基本载体和主渠道，是学校领导与教职工进行民主协商、信息沟通的重要渠道，是促进学校决策科学化、民主化、法治化的重要途径。

教代会是教职工参与民主管理和监督的机构和主要途径。早在1980年，党中央批准在部分高校和中小学开展教职工代表大会制度的试点工作。1985年，教育部、中国教育工会联合颁布了《高等学校教职工代表大会暂行条例》。该文件实施多年来，促进了高校教职工代表大会制度的发展与完善，带动了各级各类学校教职工参与民主管理和监督的进程。全国大多数省（自治区、直辖市）先后制定了本行政区域的教职工代表大会规定、实施细则或工作规程等文件。

实践证明，实施教职工代表大会制度，有利于调动广大教职工的积极性、发挥教职工的主人翁作用，有利于集中教职工智慧、加强学校民主科学决策，有利于统一全校认识、凝聚全校力量，有利于维护教职工合法权益、实现公平公正，有利于协调利益关系、积极稳妥解决学校的难点、热点问题，也有利于加强对干部的监督、密切党群、干群关系。

2011 年 12 月，经中华全国总工会同意，教育部发布了第 32 号令《学校教职工代表大会规定》（以下简称《规定》），于 2012 年 1 月 1 日起施行。《规定》是教育部制定的全口径规范、指导和推进各级各类学校教职工代表大会制度的规章制度。

《规定》明确了学校教职工代表大会的地位和职权。按照现行《教育法》《高等教育法》《义务教育法》等法律规定，高等学校实行党委领导下的校长负责制，教职工代表大会参与学校的民主管理和监督。这是在高校领导体制框架内对教代会的基本定位。采用教代会这种组织形式，可以广泛地促进教职工参与学校民主管理和监督，特别是在与教职工利益密切相关的问题上，更应当发挥其应有的作用，如高校在涉及教职工切实利益的人事分配制度等重大改革方案的讨论制订过程中，要尊重并保证教职工的知情权、参与权、评议权、选择权和监督权，理顺沟通交流渠道，通过教代会、教授会等多种渠道、多种方式充分吸纳教职工的意见和建议，让广大教职工发表意见、贡献智慧。通过民主参与，也可以让教职工提高对改革方案的可接受性，有利于改革顺利推进，实现预期目标，促进高校科学发展、内涵发展。

（2）鼓励和引导学生参与高校民主管理

①完善学生参与高校民主管理的制度和机制

从高校层面来说，要在校内制度政策的制定实施中充分考虑学生的利益和需求。其中与学生发展和学生利益密切相关的各种管理组织（如校务委员会、学位委员会、教学委员会、后勤管委会等）要有学生代表参加，这是从制度设计上保证学生拥有参与高校民主管理的权力。如高校校务委员会在审议决策涉及学科专业、教学评价、学生处分、校园学习生活条件改善等事务时，应有学生代表参加或列席，充分听取学生代表的意见，有利于提高决策的合理性和科学性。

高校要动员师生员工参与学校民主管理，建立和完善民主管理的工作制度，充分发挥学生会、学代会等学生组织的职能和作用，构建可持续发展的民主管理、民主监督体系。学生会作为学生活动的组织者，要积极参与学校管理事务，特别是涉及全体师生切身利益的事务时，学校可采取网上公示办法，使全校师生员工都能及时全面了解提案内容，进一步增加工作的透明度，提高师生员工对有关工作的关注。可以借鉴高校教代会的提案模式，在召开学代会时，组织动员学生代表征集提案，以提案的形式参与民主管理、反映意见和建议；高校领导及管理部门应充分重视并及时答复学生提案，这样可使学生参与民主管理的渠道更为通畅，也有利于不断提高学生参与高校民主管理的水平和能力。

②创新学生参与高校民主管理的方法和形式

学生参与高校民主管理的过程中，方式和渠道如何更为便捷、通畅、有效非常重要，这直接影响到学生参与民主管理的积极性。在网络时代，应充分借助网络平台创新学生参与高校民主管理的方法和形式。

大学生借助网络平台参与高校民主管理（即大学生通过网络渠道来表达和强化自身在高校治理中的话语表达与利益诉求，从而有力推进大学的民主管理）关键是要建设好三个平台。

一是意见接收平台。即学校管理层有专人负责收集学生的网上诉求和意见，如及时收到学生对师德师风、教学改革、教学评价、教学资源、专业增减、就业创业、招生考试、各类收费、学生奖惩、后勤保障服务等相关工作的意见建议。对于学生反映的意见和诉求，管理者要认真对待，分类分析，及时传送至学校领导及相关管理部门。

二是意见答复平台。学校可在网站醒目位置设置学生反映意见答复栏目，对学生的意见和诉求在深入调研、认真研究的基础上积极答复，使学生反映的意见件件有回音，事事有答复。

三是问题解决反馈和监督落实平台。对于学生的意见和诉求，若短期内得到了解决和落实，要及时反馈详细落实情况并加强监督；对于无法及时解决的，有关部门要回复说明具体原因及解决时限，必要时部门负责人需要与反映意见的学生面对面沟通交流，增进学生和管理部门的相互了解和理解支持。学生反映意见建议的解决和落实情况应在学校网络平台公开，使学校及相关部门的工作接受全体学生的监督，促进学校管理水平和服务质量的提高，促进和谐校园建设。

（二）优化高校育人环境

1. 树立以人为本的管理理念

（1）树立以人为本的管理思想

学校在实现科学管理中必须树立以人为本的思想，强调人在教学、科研、管理等活动中的主导作用，重视挖掘人的潜能和激发人的热情。以人为本，从字面上进行解释就是以人为根本，即生产生活中要以人为中心，人发挥着最重要的作用。人是高校管理的核心和动力，人才能否得到有效的应用决定了学校管理的成败。学校管理归根结底是对"人"的管理，只有学校尊重人，理解人，满足人的合理需求，才能激发人的积极性和创造性，使人更加自觉主动地工作、学习。

学校贯彻以人为本的理念，就是将人看作学校最宝贵的资源，人也是推动学校发展的原动力。以人为本的理念最初应用在企业管理当中，随着人本思想的不断深入，以人为本的理念逐渐在各行各业中普及开来，高校也要顺应时代的潮流，树立以人为中心的思想，重视挖掘人的潜能和发挥人力资源的有效作用。教师是教育事业的支柱，因此学校教育管理要围绕教师的需求展开，为教师的成长和发展营造民主、平等、和谐的管理氛围，充分发挥教师在教学、科研中的主导作用，积极探索符合教师成长规律的现代人事管理模式。

以人为本的学校管理对象既包含教师又包含学生，一方面要以教师为本，使教师在学校的教学科研中能够发挥自身的优势和特长，带动学科发展，另一方面是以学生为本，实现学生的全面发展。以教师及教师的发展为本，就是指高校要尊重教师，信任教师，在教育教学中尊重教师的劳动，强化教师主体地位，遵循学术发展规律与人才成长规律，鼓励教师继续学习和深造，完善岗位考核和管理，落实激励政策，最大限度地发挥教师的潜能。以学生和学生的全面发展为本，就是要尊重学生的个体差异性，坚持一切从学生的实际水平出发，无条件地关爱每一个学生，充分考虑学生的学习动机和心理，制订符合学生发展的教育培训计划，发展学生的创新思维，最大限度地挖掘学生潜力，重视学生人格的完善，引导学生将个人成长与国家发展结合起来，促进学生全面可持续发展。

（2）以人为本理念贯穿学校办学行为始终

以人为本的学校管理理念中必须要尊重师生，将以师生为本的理念贯穿于学校办学行为的始终，不断营造符合师生成长发展规律的校园环境。以人为本理念的落实是高校管理中的重要问题，需要学校管理者在管人、用人、待人等方面下功夫。

首先，尊重师生。不管是教师的成长还是学生的成才，都有其内在的规律，高校管理活动的实施要遵循教育教学规律。新型的师生关系要求教师尊重学生，平等地对待每一位学生。学校与教师之间也应建立平等和谐的关系，学校的管理者要尊重教师，关心每一名教职工，尊重教师的基本权利，理解教师的发展需求，关心教师的实际困难，为教师发展创造良好条件，搭建广阔平台，营造和谐氛围。关注教师的自主性、个性化、多样性及创新精神，注重管理方式的科学化、规范化和人性化。学校要根据学院教师队伍建设的目标，科学设置岗位，不断创新运行机制，建立合同管理的岗位聘任制，通过公开招聘的方式选拔优秀教师，优化学术队伍，将科研业绩贡献的大小和教学水平的高低作为考核教师的重要指标，切实关心教师生活，满足教师的合理需求。

其次，强化高等学校的主体地位和责任意识。学校尊重每一位教师是落实以人为本管理的前提条件。这就要求学校管理者摆脱传统管理中高人一等的错误观念，平等地对待每一位教职工，建立互相尊重、互相信任、互相体谅的和谐的工作氛围。教育管理者要重视教师提出的意见，认真采纳有价值的意见，对于教师提出的要求，在管理职责之内的必须予以满足，对于超出管理范围但有利于学校发展的要求，要尽可能地满足，对于学校暂时无法满足的要求，要说明理由。充分发挥教职工代表大会制度的职能，定期组织学校教代会代表对学校重点工作进行咨询视察，对关系广大教职工切身利益的重要事项进行审议与监督，使他们能参与学校的决策过程。学校要从本校的实际和优势出发，努力构建科学化的教学管理体系，让全体教职工的精力进一步投入到教学中来。

2. 依法组织和实施办学活动

（1）严格依法依规招生

高校招生工作是关系大学生切身利益，关系社会和谐稳定的民生工程。为此高校要高度重视招生入学工作，严格依法依规招生。高校要增强招生工作的使命感和责任感，坚持公平公正的原则，建立内部制衡机制和社会监督机制。学校不得违背法律原则，擅自更改招生条件，杜绝各种违法违规行为。我国法律明确规定了国民有着受教育的权利，高校要保障受教育者公平接受教育的机会，严肃招生纪律，严厉打击招生过程中出现的违规和腐败问题，保护学生的合法权益。对于招生工作中的不稳定因素，及时进行排查，并加强沟通和检查。

学校规章制度是学校依法管理学生的基础和依据。学校规章制度的制定要以国家的法律法规和地方政府的行政文件为基础，不能与法律法规相冲突，且其内容不能超越法律法规范围。对于国家赋予学生所享有的合法权益，学校的规章制度不能侵犯。因此高校要认真研究法律法规，落实相关行政文件，对于与现行法律法规不一致或者不符合当前教育改革、发展的形势要求的规章制度，要及时地进行废止。对于不符合高校发展目标或者脱离学校工作实际的校规要进行清理。对于文字晦涩难懂，师生很难理解且不易操作的规章制度要进行修改，使之符合公文的形式要求。面对学校发展过程中遇到的新情况，要结合学校的实际情况，制定新的规章制度。

（2）依法制定章程

学校章程作为高校自主办学的重要依据，对于高校的持续发展有着重要意义。学校章程的制定有着一定的程序和规范：学校管理者在综合研究本校实际的基础上，起草学校包括总则、分则和附则的章程，然后提交教职工代表大会进行审议；学校教职工代表大会经过集体研究讨论后，确定该章程真实、可信，能够指导高校现阶段的管理，批准章程通过，并上报主管教育行政部门审核；主管教育行政部门审核通过后方可实施。高校按照核准实施的学校章程完善内部管理制度。学校章程的制定要遵循合法性、人本性和发展性的原则，促进学校、教师、学生各方价值的共同实现。

（3）依法聘任和管理教师

高校教师承担着培育社会主义建设者的历史使命，为此高校要严格落实《高等教育法》以及相关的人事政策，结合高校学科建设的需求，科学设置岗位，做到因需设岗、按岗聘任，通过人才交流会、互联网等多种途径向全社会发布招聘公告，编制岗位需求说明书，将师德师风作为教师招聘引进的首要标准，依托政法机关建立的全国违法犯罪信息库，严把教师职业入口关，对于有才无德的教师坚决不予录用。选拔德才兼备的优秀人才，与教师签订聘任合同，及时落实教师的相关福利待遇。推进常态化师德培育涵养，构建科学合理的教师评价体系，鼓励优秀中青年教师脱颖而出，对于教师的进修培训权和学术管理权予以保护，促进教师专业化发展。

3.建设平等和谐校园

（1）建立平等和谐的师生关系

传统的师生关系是教师处于指挥地位，学生处于从属地位。随着现代教育理念的普及和素质教育的不断深化，创建平等和谐的师生关系的呼声越来越高。新型师生关系中教师和学生在人格上是平等的，教师要站在学生的角度思考问题，要像对待亲人一样对待学生，关心每一位学生，不管学生在学习上还是在生活上遇到问题，教师都要力所能及地给予解决。教师要加强自身文化素质和道德修养，以积极的教学态度去引导学生，以乐观的生活态度去感染学生，实现学生身心健康发展的目的。同时，学生也要尊重教师，珍惜教师的付出，形成尊师爱生、教学相长的和谐校园氛围。

（2）建立团结友爱的同学关系

未来社会需要的是综合型、开放型人才，良好的合作精神就是人才的必备素质。与同学间友好相处，团结友爱每一位同学就是培养合作精神的最佳途径。学生时代是美好的，同学间纯洁的友谊也是值得人怀念的。同学间要做到真诚待人、相互关心、相互帮助，加强交往，经常同他人进行沟通交流。学校要不断完善教育设施，定期举行运动会、音乐会、诗歌朗诵会等集体活动，为学生展现风采，相互交流搭建舞台。

（3）加强教风、学风建设

教风、学风建设是一项长期的十分重要的工作，高校要以构建和谐校园为目标，以人才培养为根本任务，完善日常管理，建立健全教师、学生教育管理体系，加强思想教育，不断提高校风、学风建设水平。教师要进一步加强师德建设，提高思想境界，要强化责任意识和奉献精神，尊重学生人格，指导学生的学习与发展。坚持以学生为本，充分发挥学生的主体作用，进一步做好学生教育管理各环节工作，为学生成长成才创造更加有利的条件。充分发挥学生党员、学生干部、入党积极分子等学生骨干的积极作用，实现"理想、团结、自强、成才"的学风建设目标。

（4）建设和谐校园文化

校园文化建设包括校园物质文化建设、校园制度文化建设以及校园精神文化建设三部分。校园物质文化是实现校园文化建设的途径和载体，是推进学校文化建设的必要前提。高校要对学校的校园进行整体规划，合理布局，加强校园基础设施建设。校园制度文化作为校园文化的内在机制，是维系学校正常秩序必不可少的保障机制，是校园文化建设的保障系统。建立和完善了学校内部管理制度体系，依法规范学校的决策体制、完善决策过程和工作规则，实现决策的程序化、科学化，特别是重大问题决策的民主化。坚持依法治校，积极倡导依法办事、按规则办事，增强广大师生的制度意识，加强对依法治校和遵守学校各项规定的监督。精神文化是校园文化的核心和灵魂。在校园文化建设中，充分发挥先进典型的示范作用和导向功能。遵循教育规律，激励学生刻苦学习，提高学生学习的自觉性和主动性。深入开展学术、艺术、技术"三术"活动，积极组织青年教师教学竞赛、青年教师实验教学竞赛等活动，培养提高青年教师的教学技能和水平。充分利用校园文化艺术节、科技节、社团巡礼、社会实践等传统活动载体，不断加强其内涵建设，营造浓厚的学术氛围，拓展学生综合素质。

4. 尊重和保护学生权利

（1）完善教育立法

一是要尽快出台《学生法》《校园法》等法律，对学生的权利、义务、福利及规范和完善校园的各项管理事务等进行规定。任何一种法律的产生都以特定的历史条件为物质基础，而社会生活又处在不断地变化当中，特别是我国教育体制改革后，《教育法》《高等教育法》中的部分法律表现出明显的滞后性，因此需要完善立法解释来消除这种局限性，使学校的各项工作都有法律上的标准和规范。二是完善大学生管理的有关的教育行政法规。《宪法》作为我国的根本大法，明确规定了学生享有公平接受教育的机会，但是在实践过程中，部分没有招生资质的学校冒用正规高校名义进行的虚假宣传，进行违规招生的现象时有出现。因此要明确高校管理权的职责范围，对于侵害高校名誉权的行为进行严厉打击。三是对一些理论上不好解决、立法上有困难、实践上又有必要性的条款用政策的方式及时表现出来，以解决实际问题。

（2）完善高校内部管理秩序

高校内部管理秩序的完善包括两方面内容：一是完善高校内部规范性文件，二是要使大学的管理符合正当程序要求。法律法规作为一种指导性文件，体现的是国家宏观调控的能力，高校的管理涉及的是具体而微观的事情，这就需要高校根据自身的实际情况制定内部规范性文件用来补充法律规范中的不足之处，解决高校中的具体问题。高校内部规章制度的制定要以现行的法律法规为基础，及时清理与法律法规相抵触的规章制度。内部规范性文件的编制过程中要遵循义务与权利并重的原则，并根据高校发展的规划及时调整和完善，从而使学生管理制度更加的科学化，使依法治校的理念落到实处。高校的管理程序要符合规章制度的要求，特别是在做出影响学生权利的行政行为时要遵循正当的法律程序：对于学生事务进行处理要以事实为依据，举行听证会，组织与事件没有利害关系的人员进行专门调查；确定事实后按照有关规定制定处罚决定，并告知学生处罚理由；决定做出后要征求学生本人意见，并给予学生申诉答辩的机会；如果学生对于处罚决定不服，可在限期内提出申诉，要求学校重新进行调查；对于学生的申诉，高校要认真对待，再次组织人员进行复查，并告知学生复查结果；如果学生仍不服，可向教育行政部门申诉或者向法院起诉。

（3）完善和落实高校学生权利保护的救济渠道

救济制度是保障学生合法权益的重要依据，当前高校保护学生权利的救济渠道有以下三种：一是申诉。教育行政部门以及其所领导的高校都要按照法律法规的要求建立起规范化的申诉制度，高校要设立学生诉讼处理委员会，并进一步完善申诉办法。学生进行申诉时，要充分发挥学生诉讼委员会的职能和作用，尽量化解学生与学校间的矛盾。二是调解。即解决学校和学生矛盾时，可邀请第三方主持调解工作，学生和学校在第三方的见证下开展谈判活动，并达成一致意见。三是诉讼。虽然高校不属于行政机关，但是法律赋予了它可以在一定范围内行使行政管理权。当学生和学校发生矛盾且无法解决时，诉讼渠道就是解决矛盾最彻底的方式，对于学校和学生双方的权利的保护也最为权威、公正，同时诉讼的范围也是最为广泛的，有时可能发生损害学校声誉的事情发生。为了避免司法过多介入学校事务，教育行政部门可设立教育行政复议机构，选拔学识渊博且品德高尚的专家、学者处理学生和高校间的争议。

5. 尊重和保障教师权利

（1）树立法治观念，提高维权意识

高校教师要认真学习法律知识，增强维权意识。对于法律赋予自己的权利和应履行的义务要做到心中有数，知道什么时候应该承担义务，什么情况下可以享受权益。当自身的合法权益受到不法侵犯时，能够清晰地识别出并且敢于运用法律手段来维护自身的权益，而不是茫然无措或者不敢去维护自己的权益。高校的发展有赖于所有教师的共同努力，高校教师法纪观念的增强，不仅关系到教师本人的利益，而且关系到学校的持续发展。高校教师勇于维护自身合法权益的行为有助于遏止学校管理中的不法行为，有助于维护法律尊严。

（2）补充和完善教师聘任、解聘等法律程序

在高校教师招聘程序方面：首先，应有国家层面统一立法规定教师聘任的步骤、办法，明确规定双方的权利、义务和责任；其次，高校应设立由校级领导、学科带头人等组成的聘任委员会，明确面试、试教、考核等程序。

教师的解聘也要遵循正当的程序：首先高校应建立科学合理的教师评价体系，综合评价教师的教学和科研工作，以考查的结果作为是否解聘教师的依据；其次，如果教师的考查结果不理想，决定解聘教师时，要在规定期限内通知本人，并以书面的形式告知解聘理由；如果教师对于解聘结果不服，可以申请举行听证会，在听证会上实施听证权。高校将最终的解聘结果上报教育行政部门审核批准。

（3）引入听证制度，落实公立高校教师的民主管理权

听证作为公民参与公共决策与公共行政的有效途径，体现了社会的民主性。《教师法》中明确规定了教师在高校的管理中享有民主管理权，但现实情况是，高校中的教师和管理人员的地位并不平等，教师对于学校的重大决策项目基本没有发言权。高校从法律性质上来说属于公务法人，其所实施的部分管理行为又具有行政行为的性质，高校进行教育改革或出台规章制度时，有时又会影响到教师的切身利益。因此，为了实现民主管理，高校在出台或制定涉及教师权益的规章制度时，应引入听证制度。

（4）完善教师权利保障法律体系

尽管我国出台了《教师法》《教育法》等保护教师权益的法律法规，但是相比英国、美国等教育发达的国家，我国的法律体系还不够健全，教师的权益保护

工作还有很多不足之处，为此应不断完善教师权益保护法律体系，使教师合法权益的保障有法可依。

（三）健全高校师生权利救济

1.高校学生权利救济

（1）完善校内申诉和教育行政申诉制度

《普通高等学校学生管理规定》对学生申诉作了较完善的规定，是学生权利救济最为重要的行政救济方式。但在实践中存在申诉程序不够完备，申诉受理机构缺乏中立性，调查程序不严密，缺乏听证环节等现象。根据校内争议纠纷解决处理的原则和程序，高校应积极构建校内学生、教师申诉制度，并将之作为行政申诉的前置程序。各级教育行政部门要设立专门的教育行政申诉机构，完善教育行政申诉制度，并将行政申诉作为申诉体系的重要组成部分，补充校内申诉的不足，公平、公正地对待学生的申诉，使学生的知情权、申辩权得到有效保障。

（2）实现学生权利救济途径之间的合理衔接

对于校内申诉与教育行政申诉、教育行政复议、教育行政诉讼之间的关系，我国有关法律法规和规章还缺乏明确的规定。如当发生学生对校内申诉决定不服的情况时，法律并没有明确规定学生是应该先向上级教育行政部门提出行政申诉，发现行政申诉无法达到自己的预期效果才提起行政复议或者行政诉讼，还是只要学生对校内的申诉决定不满意就可以不经过行政申诉环节，直接提起行政诉讼。对于学生申诉的程序应从立法上予以弥补完善。

在法律救济制度完备、运行机制顺畅的情况下，借鉴法国、日本等发达国家学生权利救济的经验，鼓励学生遵循先校内申诉、行政申诉和行政复议，再提起行政诉讼的途径进行救济，这样可以使大量纠纷在高校和教育行政系统内就可以便捷、高效地得到解决。

（3）探索建立学生学术权利救济制度

学术的发展有着其内在的规律，不应受行政的干预。专业的学术组织应是评判学生是否遭受学术权利侵犯的主要机构，行政机关和司法机关只能从程序权利的角度对学生权利进行救济。为了保障学生的学术权利，高校内都设立了学术纠纷处理机构。当学生认为自身的学术权利受到不法侵害时，正确的流程为：首先学生要向校内学术纠纷处理机构申请救济，高校学术纠纷处理机构接受学生申请后，组织专业学者进行调查，将调查结果通知学生；如果学生对于学术纠纷处理机构的处理结果不服，可向行政机关或者司法机关申请救济。高校学术纠纷机构是学生进行行政救济或司法救济的前置程序。事实上，学术纠纷处理机构的评判结果具有终局性，除非学生发现学术纠纷处理机构的调查程序存在不正当性，否则学生不得对学术纠纷处理机构的处理结果再次申请行政救济或司法审查。

如果高校对于学生的处分同时涉及行政权力和学术权力时，学生对于高校的处分不服申请行政救济的，高校应当先安排学术纠纷处理机构对涉及学术权利侵害的部分优先处理，如果学术纠纷处理机构发现学生的学术权利确实遭到了不法侵害，将处理结果告知学校，学校便可变更对该学生的处分，如果学术纠纷处理机构发现该学生的学术权利没有受到侵害，高校也可依据此结果维持对学生的处分。只有学术争议的内容得到解决后，学生才能就高校行政权力产生的纠纷申请行政救济或司法救济。

2. 高校教师权利救济

（1）完善高校教师申诉制度体系

《教师法》中对教师的申诉制度进行了明确的规定，从性质上来说，该项制度一项法定的救济制度，其目的是维护教师的合法权益。教师申诉制度在我国的起源可以追溯到1995年国家教委发布的《关于实施〈中华人民共和国教师法〉若干问题的实施意见》，该意见首次提出了校内申诉制度的概念，标志着国家教育行政部门对于教师合法权益的关注和保护。同年，国家教委发布了《关于开展加强教育执法及监督试点工作的意见》，该意见对高校校内申诉制度进行了更为详细的阐述，界定了校内教师申诉制度的内涵。所谓的校内申诉制度指的是，教师、学生或者其他校内职员对于学校或者其他教育机构作出的有关处理决定心存异议，或者觉得学校、其他教育机构的某些行为是不恰当的，对自身的合法权益造成了损害，就可以依照法定程序要求学校或者其他教育机构对这些情况进行审查处理的制度。

《教师法》的法律规定及国家教育行政部门发布的相关规定和意见，为构建高校校内教师申诉制度提供了法律法规及政策依据，从法律和政策层面确立了我国高校校内教师申诉制度建立与实施的必要性及可行性。实践证明，科学系统的校内教师权利救济机制是维护教师合法权益的有效手段。当教师的合法权益受到侵害或者教师所应享有的权益无法得到保障时，校内权利救济机制就可以在较短时间内发挥作用，从而便捷、有效地对教师的权益进行修复和补救。

教师申诉制度的一般流程为：当教师发现自己的合法权益受到侵犯或者觉得学校对其作出的处理是不恰当的，首先可向学校教师申诉委员会提出申诉，以书面报告的形式就申诉事项进行说明，寻求救济；教师申诉委员会在接受教师申诉并进行调查之后发现，学校的处理方式是恰当、合理的，就会对向教师送达申诉处理决定；如果教师对申诉委员会作出的申诉处理决定不服，可再向上级行政主管部门提出申诉。高校校内教师申诉制度作为《教师法》规定的教师申诉制度在高校的延伸，是非诉讼意义上的校内行政申诉，同时也是高校校内建立的一项争议调解、纠纷裁决与纠错机制。

需要强调的是，教师申诉委员会的校内裁决意见只是学校自身对于教师申诉的处理方式，并不是最终的处理方案，与教师享有的申诉权利并不冲突。如果教师对于裁决意见不服，可向上级教育行政主管部门提出申诉。校内教师申诉和教育行政申诉两者间是相辅相成的，校内申诉是教育行政申诉的前置程序，教育行政申诉是校内申诉的有益补充。

（2）完善高校教师权利救济监督体系

教师权利救济制度的顺利落实需要完善的监督体系来进行保障，如果监督体系不够健全，那么即使教师权利救济制度再完善，也无法保证教师的权利救济制度能够有效地实施。监督体系由高校内部监督和外部监督两部分组成，二者有机结合才能确保监督体系的正常运行，进而确保教育活动的法治性和公正性。

①强化高校教师的监督权

教师作为高校的核心资源，在高校教育实践中处于中心环节，对于高校的发展有着重要意义。为此高校要健全和完善规章制度，明确教师监督的权限，同时加强教育宣传力度，提高教师行使监督权利的意识，使他们积极主动地行使监督权利。

②强化上级教育行政部门的监督

上级教育行政部门与高等学校之间是领导与被领导的关系，上级教育行政部门对于高校具有监督职能，监督的内容包括高校制定的规章制度是否合法，高校对于教师申诉的处理是否合理等。

③ 引入司法监督

高校教师如果对高校作出的申诉处理决定不服，应当有权依法向法院提起行政诉讼，由法院对高校作出的教师申诉案件的裁决决定、处理教师申诉的行为进行司法审查。司法审查可以促使高校教师申诉委员会在处理教师申诉时更加自觉地遵循法治精神，规范处理申诉的行为，从而保障其处理决定的公正性和公平性，实现对教师权益的保护。

需要注意的是，实现司法审查也需要有适度性，即它应局限于审查法律问题，主要包括教师申诉委员会作出的处理决定是否超出了其处理权限、处理教师申诉案件的程序是否合法、处理教师申诉案件过程中是否存在着明显不当行为等内容，而对于教师申诉处理决定的合理性以及涉及学术问题的事项，司法审查应尊重高校的学术自由和自由裁量权。

④ 注重社会监督

随着社会的不断发展和人民生活水平的提高，包括网络、报纸、电视等在内的大众传播媒介成为人们了解社会的主要方式。社会监督主要是利用这些传播媒介对高校处理教师申诉案件的行为进行监督。和其他监督方式相比，社会监督具有广泛性、普遍性和及时性等特点，并能在社会产生迅速而广泛的影响。利用社会舆论能有效地保障高校教师管理和权利救济的各项行为沿着法治的轨道进行。

（四）健全高校安全管理及突发事件应急处理机制

1. 加强高校校园安全教育

（1）国家安全教育

国家安全教育是政治安全教育的重要组成部分，由国家安全意识和保密教育这两部分内容组成。随着世界联系的日益紧密，高校的发展已然突破了区域的限制，朝着建设世界一流大学的方向迈进，很多高校都开设了国际留学生事业部，同时邀请学术界知名专家和学者来高校参观、访问、学术讲座。因此高校必须在全校师生范围内开展《国家安全法》的宣传教育，增强高校师生的国家主人翁意识，激发他们的民族自尊心和自豪感。除此之外还要对全校师生进行保密教育，引导全体师生树立保密意识，筑牢保密防线，自觉遵守保密制度和规定。

（2）网络安全教育

校园网络对高校师生的科学文化素质、思想道德素质以及精神文化生活产生的影响越来越深刻。加强和改进学校网络建设和管理，旨在文明建网、文明用网、文明管网。要按照积极利用、科学发展、依法管理、确保安全的方针，遵循信息网络规律，树立正确导向，着力内容建设，营造文明健康、积极向上的网络育人环境，维护高校网络文化信息安全。加强网络安全教育需要做到以下几点。

一是加强网络法律法规的宣传教育。随着信息技术的发展，网络在人们生活中发挥着越来越重要的作用。网络已经成为大学生生活学习的必备工具。高校要高度重视网络教育工作，开展网络法律法规学习活动，要求师生自觉遵守网络法律法规，文明上网，保证校园网络安全。

二是建立健全覆盖全面、及时准确、正确引导、有效管理的网络信息管理机制。加强对网络新应用的研究和应对，及时掌握师生在校园网、微博、微信和主流社交网站上的动态。

三是完善校园网信息安全管理制度。严格落实国家关于网站、域名、IP 地址备案的有关规定，实行"校内用户信息交流"和"用户实名注册"。加强校园网接入管理，规范校内单位接入移动互联网、使用社会网络资源管理。进一步加强校园互联网内容审核、信息发布、系统备份、日志报告、IP 分配等制度建设，提高科学化、规范化管理水平。

（3）自我保护教育

首先，高校要定期开展自我保护教育工作，教育师生在遇到不法侵害的威胁时，要向执法机构寻求帮助，如及时向公安机关报警，学会运用法律武器保护自身的合法权益。在遇到威胁人身安全的不法侵害，如盗窃、行凶、抢劫等，要在保护自身生命安全的前提下，采取正当防卫来保护自己和他人。

其次，加强学生的身体素质和心理素质教育。教育学生在面对不法分子侵害时，保持冷静、不惊慌。尽量记住不法分子的体貌特征，寻找时机报警。引导学生加强体育锻炼，做好疾病的预防工作。近些年，高校大学生中时常出现因为对自身疾病不重视，缺乏基本的判断和常识，或未及时就医而造成严重后果的情况。因此，要加强大学生的自我保护教育，预防为主，让大学生加强锻炼，及时就医，保证在第一时间及早治疗，克服病痛。

2. 构建高校安全风险管理体系

（1）高校履行安全管理职责

高校应当加强安全管理，对学生进行安全教育、管理和保护工作。依照国家法律法规的规定，高校应履行的安全管理职责有以下几点：① 建立和落实学校安全管理制度；② 建立、健全学校安全管理工作责任制和事故责任追究制度；③ 建立、健全学校安全预警机制和突发事件应急机制，编制学校突发事件的应急预案，开展应急预案演练；④ 开展学校安全宣传、教育培训；⑤ 落实学校日常安全管理；⑥ 依法先期处置学校突发安全事件；⑦ 做好校园矛盾纠纷的排查、化解工作；⑧ 履行法律法规规定的其他职责。同时，高校教职工在组织学生参加教育教学活动时，应当履行保护学生的职责，根据学生的年龄、认知能力对学生进行安全教育，制止危害学生人身安全的行为或者其他侵害学生合法权益的行为。

（2）整合资源形成高校安全保障合力

校园安全是一项系统工程，保证高校校园安全不仅是高校的责任，还需要各级政府、教育行政部门、社区组织、新闻媒体、学生家长等各方面的共同努力与支持，构建起高校安全风险管理体系。政府部门要将高校安全管理工作纳入社会管理综合治理目标责任制，建立由政府主导、有关行政部门参与的高校安全管理协调机制。然而在实践中，安全风险管理中主体单一、空间封闭、信息阻滞等状况仍然在部分高校存在，尤其是来自社会和市场以及专业组织方面的参与力量更少，其作用尚未得到充分发挥，这直接导致了安全风险应对工作仍存在思想僵化、措施套路化、力量薄弱、管理不力等问题。

教育行政部门和高校应充分认识到，在新时期、新形势下，任何认为可以完全依靠单方力量来实现高校安全风险管理的思路都是不符合实际情况的。所以，应建立利益相关方的联运机制，打破各方的信息相对封闭状态，相互之间有效沟通，无缝对接，以便于各方协同配合，周密部署，整合资源，最终形成高校安全保障合力。

（3）建立健全高校安全保险管理制度

近些年来，我国城镇医疗保险正在由传统的公费医疗向个人与社会相结合的方向推进。我国大学生医疗保障也经历了公费医疗、公费医疗与商业保险共同参与以及以商业保障为主导的三个阶段。商业保障是高校保险设置的完全透明化和公开化阶段，把大学生保障与市场对接起来，以市场为导向，保险公司直接对学生负责。教育行政部门和高校要将校园保险制度的建立纳入高校安全风险管理制度体系，充分认识和发挥保险所具有的分担风险、补偿损失等功能，利用保险这一市场经济条件下进行风险管理和控制的基本手段处理高校安全责任事故，防范和妥善化解各类校园安全事故责任风险，维护高校正常教育教学秩序，保障广大师生的权益，解除学校、家长的后顾之忧。

校园保险体制要以校方责任险为核心，建立和完善学生人身伤害校方责任险和学生人身意外伤害险制度。高校应当投保学生人身伤害校方责任险，同时鼓励学生投保学生人身意外伤害险。

我国校方责任险制度尚处于起步阶段，目前在实际操作中还面临诸多问题和缺陷：一是校方责任险的设立的前提和基础是侵权法中的相关规定。只有侵权法中明确规定了学校的责任，学校才能投保。这样当意外事故发生时，保险公司经过考察后发现该事故在校方责任险的范围之内，才会进行相应的保险赔付；二是校方责任险的保险额度是有限制的，责任保险是一种商业行为，以追求利润为经营目标，责任保险虽然承担了部分的风险，对于受到损失的受害人进行一定程度的保险赔偿，但它并不能承担所有的风险，也不是所有学生遭受的伤害事故都属于校方责任险的投保范围；三是校方责任险也受到道德风险的影响，主要表现为被保险人对自己行为的注意义务的懈怠，或者被保险人为了减轻自身的损失而将这种责任推诿给学校认定其疏忽或者不作为的情况。

以上这些问题和缺陷离不开侵权法的弥补，侵权法和保险法在学生事故赔偿上的融合就成为立法上的必然选择。因此，要充分借鉴发达国家校方责任险制度的成功经验，在我国高校切实推行校方责任险，使高校事故的损害赔偿责任社会化，以此来转嫁高校教育风险，减少高校办学负担。

3. 健全高校突发事件应急管理体系

（1）编制和完善应急管理预案

在重大的突发事件发生前，应急管理机构的第一程序是启动应急预案，所以应急预案非常重要，具有不可替代性，在预防、动员、宣传、教育等方面发挥着重要作用。编制应急预案有利于决策者科学、快速地进行决策。应急预案具有前瞻性，对各种可能发生的突发事件及其产生的后果、应对措施等有较为系统全面的预判，对科学、及时决策具有重要参考支撑作用。编制应急预案，有利于管理人员提高对突发事件的应对能力。如果人们对突发事件的了解不深，对突发事件的熟悉程度较低，就会导致人们对突发事件的控制能力低，对如何应对和管理突发事件缺乏信心。编制应急预案，有利于突发事件全过程的应急管理。

应急管理是一种非常态下的管理，突发事件发生后往往出现无序情况，如果事先没有应急预案，决策者和管理者在短时间内很难做出正确决策，有效控制局面。如果编制了应急预案，并且预案具有科学性、系统性和可操作性，便能形成有力、有序、有效的应急管理开展的局面。

高校应急预案作为高校突发事件处理的纲领性文件，其编制的过程应当以相关的法律法规为基础，如《中华人民共和国突发事件应对法》《中华人民共和国消防法》《中华人民共和国高等教育法》等，同时还应遵守国务院和地方政府颁布的地方性法规，如国务院颁布的《突发公共卫生事件应急条例》等行政法规、教育部印发的《学生伤害事故处理办法》等规章制度。这些文件以《国家突发公共事件总体应急预案》《教育系统突发公共事件应急预案》等为依据。

高校在编制应急预案时要从本校的实际出发，使编制的科学预案不仅具有科学性和系统性，同时易于操作，能够根据高校的发展进行动态的调整。预案在制订的过程中要综合考虑情况、客体、主体、目标、措施及方法这六个要素，包括方针原则、总体方案、应急准备、应急响应及事后恢复五个方面的内容。预案编制的过程要将关注的重点放在突发事件发生和发展的过程，即对于应急预案来说最重要的工作是研究事件发生的内在规律，包括突发事件是如何发生的，该突发事件同其他事件相比有着怎样的特殊性等，只有充分把握突发事件的内在机理，预案的编制才能更具有针对性和可操作性。

（2）建立突发公共事件应急管理体制

健全完整的高校应急管理机制是高校解决突然而至的公共事件的重要手段，构建坚强有力且统一的指挥结构则是高校应急管理机制的核心环节。为了推动高校的持续健康发展，高校要从战略规划出发，站在统领全局的高度，将构建和谐校园和平安校园作为出发点，充分认识到应急管理机制对于高校的安全稳定发展的重要意义。因此，高校要加强领导，在高校领导干部中开展应急管理教育工作，落实突发事件应急管理工作责任制和责任追究制。为了化解高校内部矛盾，将事件隐患消除在萌芽状态，高校必须要构建完善的应急管理工作体系和工作网络，对于各类风险和隐患做到事先预警，一旦发生突发事件，及时地进行干预，将突发事件带来的负面影响降低到最小范围，最快速度地处置应急事件，以免影响学校的正常教学和工作秩序。

高校领导的大力支持是高校应急管理工作顺利开展的重要保障。高校要在党委的领导下，成立校级突发公共事件应急处置工作领导小组，领导小组设置双组长，分别由党委书记和校长担任，由分管高校日常事务工作的校领导担任副组长，选拔学校后勤部门、保卫部门及各级辅导员为小组成员。高校应急管理领导小组的主要职责为如下几点：首先，领导小组要在教育部、教育厅的统一领导下，对于突发的各类公共事件，负有全面处置的职权，要及时地采取应急响应行动；其次，对于可能发生或者已经发生的突发公共事件，领导小组要启动应急预案，并且在突发事件的处理中处于领导地位，承担着组织和指挥应急预案顺利实施的责任；再次，当突发的公共事件涉及校外人员时，领导小组要积极协调好高校与校外相关政府机构和单位部门的工作关系；最后，当突发公共事件比较重大或者紧急，领导小组本身已无法处理时，要依照规定和程序向上级部门汇报，请求支持与配合。为了维护学校的日常秩序，领导小组需要下设办公室，如学校总值班室或者维稳工作办公室，作为学校应急管理的日常工作机构。同时，针对各类突发公共事件，应急领导小组下设相应的应急处置工作组。院系和基层单位也应成立应急管理工作小组，在学校领导小组的统一部署和指挥下，开展具体应对和处置工作。

高校突发高校应急管理体系正常运行要以健全的应急管理规章制度为依托。如果高校的规章制度不够健全，一旦发生突发的公共事件，高校的应急管理体系根本无法顺利地开展工作，更无法有效地解决突发事件。因此，高校要根据各项法律法规，制定规范化、系统化的规章制度，开展应急管理，实施应急处置。

（3）完善突发公共事件应急管理机制

①应急运行机制

应急管理体系的顺利运行需要坚持统一指挥、分工协作原则、分级处理原则，及时切换原则和资源统筹协调原则。

② 应急监测机制

应急监测机制的顺利运行离不开高校教师和工勤人员的共同努力，只有每一个高校教职人员都树立起安全校园的意识，加强校园的舆情监测，注重在日常的工作中做好信息收集工作，对于可能发生的突发事件进行分析和预测。

③ 应急预警机制

预警机制指的是突发事件发生之前对可能发生的事件进行预报、预测甚至是预警处理的机制。该机制的研究对象是预警对象以及超出正常范围的预警指标，通过对预警指标进行分析来评估该信息是否为可能发生危机的预警信息以及可能发生危机的严重程度，进而决定是否对这次危机警报进行危机预告。

④ 应急教育机制

应急管理主体的应急意识和工作水平的高低直接影响着突发事件处理得好坏。如果应急管理主体具有较高应急管理意识，能够在最短时间内处理好突发事件，就会使突发事件造成的负面影响控制在最小范围内，甚至可能会避免公共突发事件的发生。反之，如果应急管理主体的应急意识比较淡薄，缺乏相应的应急管理知识，那么极有可能会扩大突发事件的危害。因此高校要加强对应急管理主体的培训工作，不断教育和培养相关人员的应急意识和相关知识，进而使他们形成良好的行为方式和习惯。

⑤ 应急处置机制

应急处置机制是应急管理的核心，包括应急组织、应急指挥、应急控制、应急协调等内容。

⑥ 应急保障机制

应急保障机制包括构建畅通的应急信息平台及完善的应急物资保障体系，实现信息资源共享，确保应急管理顺利运行。

⑦ 善后处理机制

善后处理包括重建、报告和总结、奖惩等内容。在高校突发事件的善后处理过程中，尤其要注重事后心理干预，特别是对于学生的事后心理干预。

第四节　高校法治教育实效性研究

一、高校法治教育实效性的重要性

（一）提高大学生法律素养

高校法治教育作为法治公民培育的一种重要方式，其法治教育活动已经开展了很多年，但在法律素养方面达到的效果和实施的教育效果却参差不齐。造成这种状况的主要原因就是现行法律体系中存在着诸多不足。当前，高校法治教育滞后，现状不容乐观，亟待改革。由于开展高校法治教育工作是一项长期性系统工程，而大学生对某些法律知识的内在消化和吸收以及相关法律技能的养成同样需要一段时间，这造成高校法治教育工作的滞后，使大学生习得的法律素养无法适应现实公民对法律素养的要求。

所以对高校法治教育的实效性进行研究有利于促使高校对大学生的法治教育更加的具有针对性。随着时代的进步与发展，我们发现，当今时代的教育总是注重教育过程而忽视教育结果，研究高校教育的实效性，正好有利于改变这一不良的现状，从而提高大学生的法治文化素养。具体来说，研究教育的实效性，可以在对学生的法治教育上直接看到学生目前的法治水平，以及与当今时代所要求的差距与不足，因此高校就可以根据学生的法治水平与教学背景对教学进行设计与组织，这样就让教学更加的贴合学生的实际，从而让高校的学生更好地吸收法治教育的内容，进而提高学生的法治教育水平，让学生成为祖国法治建设的主力军。

（二）完善高校法治教育理论

学习马克思主义理论我们可以知道，所有科学的理论都是与时俱进的，都是紧跟时代发展潮流，符合社会发展规律的，并且在社会发展中是经得起考验的。因此高校在进行法治教育时也要注意法治教育理论的时代性，要根据时代的发展与进步不断完善法治教育的理论，这些都需要对高校法治教育的实效性进行研究才能实现。

对马克思主义理论进行学习我们可以了解到，实践是检验真理的唯一标准，所以对高校法治教育的效果进行研究的时候我们就需要通过实践来进行检验。用实践进行检验主要是有两个方面的目的：第一，检验后就可以将精华与优秀的部分提取出来，并结合起来，从而把它当作法治教育的规定来进行贯彻与落实；第二，通过实践检验过后，我们就可以发现理论的不足之处，由此我们就可以根据不足有针对性地结合时代的发展制定与完善法治教育的理论。总而言之，只有通过实践与实效性才能检验出高校法治教育理论的不足，从而有效地完善法治教育的理论，进而让法治教育活动在高校中可以得到有序、有效地开展。

（三）完善高校法治教育过程

对待过程与结果，很多人都是不是忽略这一项就是忽略那一项，但是我们通过对马克思主义进行学习就会发现，任何事物都是紧密联系以及相互影响的，因此高校法治教育的过程与结果也是一个事物的两个方面，二者之间是紧密联系与相辅相成的，具体来说，不管是结果还是过程，都是为了追求某一目标才形成的，良好的过程有利于形成良好的结果，结果可以有效地反映出过程中的不足，从而让我们在新的一轮过程中获得经验，进而更好地解决问题。简单来说就是，我们先通过实践获得认识，然后再根据认识进行新的实践，从而推动实践的不断发展与进步。

研究高校法治教育的实效性是促进与提高高校法治教育的出发点，研究高校法治教育的实效性，有利于反观在教育活动过程中存在的问题，一方面要观察高校法治教育的活动是否已经与预期的目标存在偏离，当前的过程是否有利于产生良好的结果，这样就更加有利于对过程进行控制，让结果朝着预期的目标发展。除此之外，可以从过程当中分析其中的不足从而让问题快速得到解决，进而获得良好的结果，推动高校法治教育向着更科学的方向发展。

（四）推动社会主义法治建设

国家的发展都是依靠青年，青年是国家发展与进步的坚实力量，所以青年法治水平的提高有利于国家建设社会主义法治强国。大学生就是我国的青年朋友，所以在高校推进法治教育活动对推动社会主义法治建设具有十分重要的意义。除此之外，研究高校法治建设的实效性不仅对社会主义法治的理论建设产生十分重要的作用，同时还会对社会主义法治的实践建设产生十分重要的作用，为建设社会主义法治国家做出巨大的贡献。

从理论的这个角度来看，在高校进行社会主义法治教育的目的就是为了培养出具有良好法律意识与法律规范的青年学生。对高校法治教育的实效性进行研究，可以将得出来的教育理论与成果，运用到社会主义的法治建设上，最终培养出具有良好法治意识的公民。从实践的角度来看，对高校的法治建设进行实效性的研究有利于从学生在法治方面存在的问题中以小见大，发现与揭示社会主义法治建设的不足与问题。与此同时还可以从解决学生法治方面的问题中获得经验，从而为解决社会主义法治建设提供良好的对策。

总而言之，我们可以发现高校的法治教育就是社会主义法治建设的有机组成部分，推动学校的法治教育建设有利于促进整个社会主义法治的建设与发展。与此同时，加强对学生的法治教育我们可以提高学生的法律意识，从而为社会主义的法治建设提供坚实的人才基础与力量。

二、高校法治教育实效性的影响因素

对高校进行法治教育的实效性研究是一个系统性的研究，其中包含很多的要素，并且各个要素之间应该是相互影响、相互作用、相互依存的关系，而不是相互独立的关系，所以研究高校法治教育的实效性就是需要将这些要素进行全面联系的思考，否则会出现偏颇。具体来说影响高校法治教育实效性的影响因素包含以下四个方面。

（一）受教育者

随着时代的进步与发展，我们发现当今时代的教育越来越强调以人为本的原则，所以受教育者不再是单纯的被动接受教育的人，而是教育过程中的参与者，也是教育成果的体现者。由此我们就可以发现，要想提高高校法治教育的实效性，就需要深入分析与了解受教育者的需求，从而有针对性的提高学生的法治意识，促进高校法治教育的发展。

我们在对学生的需求进行调查的时候可以发现，每个年龄段学生的需求是不同的，具体来看，我们发现低年级学生的法律意识不如高年级学生；没有打工经历学生的法律意识不如有打工经历学生的法律意识。不同的学生成长经历不同，所以每个学生的法律需求也不相同。因此在高校进行法治教育时就一定要以受教育者的需求为导向，这样才能更有针对性地对学生的法治教育起到推动的作用。

除此之外，受教育者自身的法律素质，也决定了受教育者应该从哪一点开始接受教育，还决定了受教育者能够接受法治教育的程度。由此，我们就可以了解到，即使进行相同的教育也会产生不一样的效果。所以高校在对学生进行法治教育的时候要认真了解与探索每个受教育者之间的差异性。

另外，受教育者的主观能动性也会影响受教育者对参与高校法治活动的重视程度与参与度，具体来说，高校进行的法治教育意识是否能够成为受教育者自己内心的法治教育意识，主要取决于受教育者的主观能动性。

（二）教育者

教育者是教育过程中重要的参与者与主导者，所以教育者素质的高低决定着教育结果的好坏，要想提高整体的教学效果就可以通过提高教师的整体素质这个方式来达到。从教育者这个个体来看，要想提高教学效果，教育者就需要提高自身的职业素质与技能。由此，我们可以发现教育者对法治教育的发展具有十分重要的作用，所以我们组织、建设、评价高校法治实效性的时候，要深入了解教育者的能力水平与素质水平。具体来说就是观察教育者对教育活动是不是热爱、是不是认真、是不是具有创新的能力与意识。职业技能就是看其学科知识水平以及如何进行教学的。从教师整体队伍而言，一支专业化、职业化的教师队伍能带来更为显著的效果。专兼职教师的比例如何配置以及相互间如何配合，教师队伍如何选拔及培训、考核等问题，都成了我们进行大学生法治教育不得不思考的重要问题。

（三）教育内容与教育方法

教育内容与教育方法都会对教育活动产生直接的影响。为了达到良好的教育效果，教育内容必须具有针对性，一方面要针对教育目标设置具体的教育内容，另一方面要针对学生的实际情况制定出适宜的教育内容。教育内容还必须把握规律性，忽视规律的教育内容，不仅不能达到良好的教育效果，反而会带来负面的影响。教育内容还必须具有先进性。教育的目的是使人获得知识的同时得到发展，先进的教育内容能够提升人们的思想，引导人们的行为，促进大学生向着社会主义法治建设所需的方向进步。教育方法是沟通教育者与受教育者的纽带，是提高教育质量的关键。教育方法多种多样，但只有适宜的教育方法才能构建师生间的和谐关系，才能更好地完成教育任务，取得较高的实效性。因此。教育方法的选择与运用也应因地制宜、因时制宜、因事制宜、因人制宜。

总之，分析高校法治教育的实效性，离不开对教育内容与教育方法的分析与思考，看其是否适宜当前高校法治教育需要，是否具有科学性、针对性与多样性。

（四）教育环境

人总是在一定的环境中进行活动，马克思把环境的改变和人的活动看作是辩证统一的。高校法治教育活动也是在一定的环境中进行的，我们把教育环境分为内部环境与外部环境，内部环境即校园环境，外部环境即社会的大环境。无论是内部环境还是外部环境，都能起到塑造人的作用，学生法律素养的形成和培养离不开良好的高校法治教育环境。为此，我们在评析大学生法治教育实效性的时候，也要将教育环境囊括在评估系统中，认真分析高校法治教育的内部环境与外部环境是怎样的，以及其对高校法治教育的影响又是怎样的。

总之，综合分析高校法治教育的实效性，就是运用科学、系统、发展的原则，评估总结高校法治教育的效果，并将结果与国家、学校的预期目标之间进行比照，对高校法治教育过程中的影响因素进行分析，从而对高校法治教育的实效性得出一个总体的结论，反过来去寻找高校法治教育过程中存在的问题，进而有针对性地去完善或提升高校法治教育活动。

三、高校法治教育实效性不高的成因分析

学生是大学生法治教育的参与者，教师是大学生法治教育的实施者，学校是大学生法治教育的组织者，社会是大学生法治教育的配合者。四者是一个相互联系的有机整体，共同对高校法治教育的开展起着重要作用，对高校法治教育的效果有着影响力。因此，我们探索高校法治教育实效性不高的成因时，应从这四方面入手，认真分析每个因素存在的问题。

（一）大学生存在的问题

当前大学生对法治的学习尚未形成自觉，其学习效果也没达到我们的期望。

作为高校法治教育的对象，大学生的学习态度和基础水平直接影响着高校法治教育能否内化为自身的法律意识，以及能否外化为适当的、正确的法律行为。因此，大学生自身存在的问题是高校法治教育实效性不高的一系列成因中最重要的部分。

1. 大学生的学习态度

常言道，态度决定一切。学习的态度直接影响学习效果的好坏。虽然大多数学生认为有必要开设大学生法治教育课程，但是在真正的学习过程中，仍然存在着各种重视不足的问题。

（1）大学生的学习兴趣不足

大学生法治教育课程相对于其他音乐艺术等选修课而言，更加理论化，学生对法治教育这样的公共政治课的热情还不如选修课高。再加上大学生法治教育课程本身存在着死板的教学方式，学生们在课堂上也表现出兴趣的缺失。

（2）大学生的认真态度不足

大学生法治教育课程作为公共政治课，没能像专业课一样得到学生平等的对待，存在不少学生平时不学、临考突击学习法治基础知识，应付期末考试等现象。

（3）大学生的法律信仰态度不足

受传统的人治思想及现实社会中各种不良风气的影响。大学生普遍缺少对法律的信仰。在具体的学习过程中表现出不以为然的学习态度。

2. 大学生的基础水平

学生在接受高校法治教育之前的基础水平，是影响大学生法律素养提高程度的重要因素，但是每个个体的基础水平是千差万别的，我们只能从整体上去分析大学生的基础水平，并认识其对高校法治教育实效性的影响。因此我们考查学生入大学前的法治教育基础水平，就是根据学生从小到大接受的不同阶段的教育中，看其有没有受到过相应的法治教育。高校法治教育是一个循序渐进的过程，就像美国开展的法治教育，从小学到大学，各种法治教育一环扣一环，层层深入，日久天长，深入人心。我国的法治教育也应是一项分阶段的、不能间断的教育工程。邓小平同志曾说过教育要从娃娃抓起，然而我们的部分同学没有中小学时积累的法治教育基础，也就是说接受大学生法治教育的学生的基础还不够扎实。

总之，当前大学生存在着学习态度不端正及基础较差等问题，这势必会给高校法治教育工作带来困难，也直接影响学生对大学生法律知识及技能的消化与吸收。

（二）教师存在的问题

教师是大学生法治教育的担任者，从微观角度上来讲是进行我们大学生课堂法治教育的主体。教师队伍的好坏、教师技能的高低直接影响到高校法治教育的实际效果。

1. 教师队伍专业化不足

高校法治教育是一项具有高度的政治性和严密的理论性、融知识性和实践性于一体的素质教育，需要一支具备专业法学背景、受过正规培训、具有一定理论水平和实践经验的法学教师队伍。由于进行高校法治教育的教师专业水平不同，就会出现教学水平良莠不齐的现象。这势必会影响法治教育教师的权威地位，影响学生对教师的认可度，从而破坏学生对法治教育的自觉接受和热爱。也因为专业水平不足，许多教师不能较好地把握高校法治教育的真正内涵和目标，缺少深入的专业法律知识学习和丰厚的法律事务实践经验，从而难以有针对性地进行教育，直接影响高校法治教育的成效。

2. 教师教学方法过于死板

教学方法是一名教师的基本功，是连接教师和学生的纽带。采取灵活多样的教学方法有助于更好地完成教学目标，提高学生的参与性和积极性。然而高校法治教育的教师在课堂教学中缺少多种教学方式的配合，不能够根据实际需要选择适宜的教学方法，不能进行教学手段的创新，只注重灌输课本知识。造成了课堂教学的死板、呆滞，影响了高校法治教育的教学质量。

（三）学校存在的问题

学校是进行高校法治教育的主阵地，从宏观角度上来讲是我们进行高校法治教育工作的主体。而学校主要通过高校法治教育的课程设置和设计来开展法治教育活动，因此我们就从高校法治教育的课程入手来挖掘问题。

1. 课程单一

大多数学生在校期间，只接受过一门关于高校法治教育的课程，即思想道德修养与法律基础。思想道德修养与法律基础课是高校公共政治课中的一门，其学时本身并不算多，课程内容也难以覆盖法律的方方面面。其中法律基础教育只占思想道德修养与法律基础课程一半的教学任务，这说明学校开设的大学生法治基础教育的课时较少，有关法治基础教育的内容也不够充足。总之，学校对高校法治教育的投入不足，课程的设置过于单一，难以满足高校对于法治教育的实际需求。

2. 缺少实践活动

当前的高校法治教育缺少实践方面的教育活动。理论与实践相结合是我们进行教育的成功经验，实践形式的教育能够使学生真正成为学习的主体力量，使知识及技能的传播更加具有生动性、形象性和感染力。当前高校法治教育实效性不高，部分原因是在于单纯的理论灌输难以到达更好的教育效果。为此，如何开展第二课堂，增加高校法治教育的实践课程或活动等，也成为高校提高高校法治教育实效性的努力方向。不论是课程的设置还是实践活动的设置，都体现出学校对高校法治教育没有给予高度的重视。如果连学校都没有对高校法治教育这项教育内容给予重视，那么又如何能引起学生的重视与调动他们的学习兴趣？因此学校也必须对高校法治教育的实效性主动承担责任，认识到自身在高校法治教育工作中的诸多不足，及时改善。

（四）社会存在的问题

社会环境是影响我们进行高校法治教育的外部大环境，它从方方面面影响着大学生的法律意识和行为，影响着大学生对法治教育的接受程度，也影响着高校开展法治教育的活动。高校法治教育的实效性不高，主要是受以下几方面的社会影响。

1. 传统法治思想的残余影响

中国有几千年的封建历史，以"德主刑辅"为统治方针的人治传统根深蒂固，同现代法治观念相抵触。虽然社会主义建设以来对陈旧的传统法治思想进行了剔除与矫正，但是对公民的现代法治意识的培养仍然是一项艰巨的任务，是一个长期的工程。总之以礼为法的传统仍然影响着大学生法治意识的培养。

以礼为法的传统，一方面使中国公民在思想上存在传统道德观念，缺少对法律的信仰，例如当与自身所处环境的道德规范、风俗习惯不一致时，人们往往丢弃法律工具，或者在遇到行政诉讼时，人们的臣民意识作祟，当事人充满顾虑，不相信法律。另一方面使无讼观念深入人心。这样就导致了人们在纠纷面前往往选择息事宁人，息讼、忌讼甚至厌讼。这也就是为什么我们有些大学生不能够及时运用法律维护自己的合法利益。

2. 司法体制漏洞的影响

我国处于社会主义初级阶段，虽然自社会主义建设以来，我们一直在深化司法体制改革，实行了依法治国的方略，致力于社会主义法治国家的建设，建立了一整套社会主义的法律体系，但是司法体制中仍有不少漏洞，如执法不严，司法监督力度不够，机关干部知法犯法，以权定案、以钱定案，司法不公，司法救济不足，司法办案人员素质不高，专业性差，司法不独立，等等。

这一系列的问题，使生活中出现了不少冤假错案和以权钱情谋私的案例，这在大学生的思想中产生了不良的影响。再加上大学生处于人生发展的青年时期，思维意识处于极大的变动过程中，人生观、价值观、世界观还不够成熟，这些负面的现象与案例使大学生对法律产生了悲观失望的心理，对法律及国家司法机关缺少信任，不相信通过法律及司法活动能够解决其实际问题，从而难以接受大学生法治教育，甚至抵触、排斥高校法治教育。

3. 网络信息化时代的影响

高校是网络的应用大户，当代大学生每日的生活几乎都离不开网络，然而网络是一把双刃剑，在为学生进行学习、生活带来巨大便利的同时，也冲击着大学生的思想和行为，为当下的高校法治教育带来了障碍。其对大学生的不利影响主要包括以下几个方面。

第一，网络的虚拟性和信息的大爆炸，使得部分大学生淡化了责任意识、弱化了判断力、在一些违法犯罪现象面前，是非不分、颠倒黑白，不能够站在法律的角度思考问题，不能够识别出违法犯罪行为，成为犯罪分子的工具或成为受害者，不能够用法律武器维护自己的合法权益。有些大学生因迷恋网络，甚至陷入违法犯罪的深渊。

第二，网络建设缺乏强有力的法律管理和监督，法律的保障作用没有在大学生面前彰显出来，法律漏洞反而使网络的幕后黑手引导舆论方向，诱导大学生产生错误的认识，不仅不利于培养大学生的法律意识和技能，还对大学生的个人成长与发展产生了负面影响，与高校法治教育的目标背道而驰。

总之，复杂的社会环境为高校法治教育带来了困难，其中许多不良社会问题腐蚀着当代大学生。我们应努力净化社会环境，为高校法治教育提供助力。

四、提高高校法治教育实效性的对策

（一）立足高校法治教育

1.调整培养理念

（1）调整培养理念

科学成熟的理念将为高校法治教育实践提供良好的指引，因此高校法治教育实效性的提高应从调整培养理念着手。

① 树立素质教育思想

世界经济全球化、一体化的趋势使大学生的综合素质面临新的挑战，法律素质作为综合素质的重要方面，也面临着同样的问题，素质教育理念的推行将使高校所面临的问题迎刃而解。中央关于推进素质教育的文件指出要培养德智体美劳全面发展的社会主义"四有新人"。高校法律教育应顺应时代变化，努力实现向提高大学生法律素质的转变。

② 树立以人为本理念

人本主义教育思想的基本观点是突出学生的主体地位。注重学生个性化的自我评价。这种思想理念在法治教育中具有很高的价值。一直以来，我国高校法治教育往往围绕法律规范教育开展，学生处于被动地位，强烈的抵触和逆反心理由此产生。

受应试教育影响，大学生的法律知识学习也是以获得考试分数为出发点的，即使最后考试合格，教育效果也不可能理想，法律素质教育的目标更难以实现。按现有规定，大学生在大学前两年就要修满法律基础课学分。尽管学生基本都能拿到学分，但这不是法律素质教育的目的所在，因此我们要科学地引导，使大学生在法律学习上由被动转为主动，增强教育效果。

（2）树立互动教育理念

此处的互动教育理念是指树立社会、学校、家庭密切配合，互相沟通，促成积极改变发生的思想。学校教育在这种理念中居于重要地位，但要注意校内和校外因素的互动，充分利用家庭、学校和社会资源，全方位地拓展教育平台，解决大中小学的衔接问题，实现内容上的连贯性，提高大学生法律素质的起点，克服由于中小学存在的法治教育的缺失而带来的大学生法律素质的断层问题。

（3）改革教育方法

有效适合的教学方法有助于大学生将法律知识内化为法律素质，有助于教学内容的全面展现和教师主导作用的充分发挥，有助于师生之间的情感沟通，如以下几种方法。

①案例教学法

案例教学是有效解决学生抵触理论概念学习的一剂良方，它将教师教和学生学习有机地结合在一起，不仅能调动学生学习的积极性，同时提高了其分析和解决实际问题的能力，有助于实现理论学习和实践应用的有机统一。

②实践教学法

积极引导大学生开展法律实践活动，可以有力地配合法律课程理论教学也使得大学生加入一种开放性的教学方式中。适当的法律实践活动是对理论教学的深化和延伸，它能够大大提高法律课堂教学的质量。通过切实的实践活动，让大学生通过自己的亲身实践体验，接触法的现象，深入法的本质，形成对法的真实感受。没有经过任何实践活动，任何外在的客观存在都无法在大脑中形成较稳固的观念。

（4）情景教学法

情景教学法是以学生现实阅历和实践经验为基础，通过高教于乐、寓教于文、寓教于情的方式，设定相应的情景，引导学生进入情景，成为其中的角色，并产生相应的思考。

课堂上可以通过播放相关视频进行引导，课下可以通过开展情景剧表演的方式开展活动，提高学生学习法律知识的热情和法律知识的应用水平。例如，沈阳航空航天大学人文社科部举办的"辽宁省高校思政课情景剧教学法研讨会"就是一个典型的成功案例。这种教学模式充分调动学生的积极性，发挥学生学习的主动性，将理论教学与学生实践有效地结合起来，将学生对问题的思考与动手能力有效地结合起来，将学生的知与行有效地结合起来，是一种行之有效的理论课教学模式。

2. 改善教师素质

大学生法治教育的师资力量专业性不强，影响了高校大学生法治教育课程的效果。部分高校为了节约教学资源，会将好几个专业的学生或者整个年级的学生集合在一起上课。但是不同专业的大学生对法律的认知能力和接受能力都有所不同。所以教师在授课时照顾不了所有专业的学生，从而严重影响了教学质量。许多非政法类的高校在配备法治教育教师时，通常是由德育教师授课或者直接由政工干部兼任。这样配备的授课教师通常没有受过专业的法律教育，不具备系统、全面的法律知识，严重影响了教学效率，并制约了师资建设的法治专业性。

作为法律知识的高校宣传者，要将法律信仰深植于祖国未来建设者的头脑中，实现依法治国战略目标，高校的法治教育工作者不仅要深谙高校教育规律和青年学生的成长规律，而且要具备比较系统的法律学科知识和较高的法律素质。建设一支由"思想道德修养与法律基础"课程教师、其他两科教师、政工干部、辅导员组成的法治教育队伍，不仅要广泛地吸纳具有较强法律素养的法律专业教师，同时要通过开展法治教育研讨座谈会、培训学习等方式，多渠道、多形式地提高队伍的专业化水平。只要我们正视当代大学生法治教育中存在的问题，注重大学生法治教育内容的与时俱进，采用灵活多样、生动活泼的法治教育方式，就一定能增强大学生法治观念，提高大学生法治意识，提升大学生综合素质，激发出大学生为实现伟大中国梦而努力奋斗的正能量。

组建一支理论功底深厚、德才兼备、了解中国国情、有能力为学生提供专业指导的法治教育教师队伍。高校要在法治教育队伍建设上给予有效扶持，让大学生的法治教育工作持续有效地开展下去。要把好进口关，原则上法治教育教师必须具备法律专业背景，具有一定的教学技能和经验，要对法治教育教师队伍进行持续、系统的专业培训，既要有短期培训，也要有长期培训。选送高校法治教育骨干教师到政法部门挂职锻炼，要引外智，借外力，积极探索从法院、检察院、公安、律师事务所聘请理论功底深厚、法律实务经验丰富的专家作为兼职教师，请他们结合自身实践工作讲授法律知识，通过具体鲜活的案例教学解读法律，传递法律的公正和温度。

教师的素质将直接影响到受教育者的素质。邓小平同志曾深刻地指出教师在培养合格社会主义人才中的关键作用。然而在当前高校师资队伍水平参差不齐，很多教师的法律专业素养根本无法保障高校法治教育工作的开展。为组建一支过硬的教师队伍可以做到以下两点。

（1）外部吸收，内部强化

大力引进学识渊博、实践经验丰富的法学工作者来学校从事法治教育工作，加强现有法治教育师资队伍的培训和深造，提高师资队伍的业务水准。

（2）单独划分，互动交流

各高校可试点将法律教研室单独划分出来，并使法律教研室与德育教研室形成既互动又交流的关系。通过此类试点促进教学内容的全面展现及教师主导作用的充分发挥，进一步加强师生之间的情感沟通，推动大学生法律素质的不断提升。

3. 优化教学内容

（1）提高大学生的法治观念、培养大学生的法治信仰，我们必须利用现有的条件，充分发挥"思想道德修养与法律基础"课程在法治教育中的基础作用。法治教育培养大学生的法律意识、塑造大学生的法治信仰，着重教育学生要认同规范、接受规范和消化规范。高校的"思想道德修养与法律基础"课程必须遵循法治教育特有的规律。

首先，法律不是一个静态的过程，法律会随着社会的发展而不断丰富完善。相应地，法律知识也是处于一个不断发展完善更新的过程，因此法治教育必须及时跟进新的法律理念知识，防止课程内容僵化。

其次，法律法规内容庞杂，即使是法律科班出身的学生也不可能掌握所有的法律知识。因此法治教育的内容构架应当主次分明、详略得当，同时可以针对学生专业特点对与其密切相关的部门法进行重点介绍。

最后，法律知识本身又是枯燥的。特别是法条内容，涉及的法律术语晦涩难懂，仅仅依靠课堂讲授难以让学生理解。比较适宜的教学方法是实践性教育模式，比如运用启发式教学、带领学生到法院旁听庭审等实践教学方式让学生在生动、直观的实践活动中自觉形成法律意识，主动掌握法律技能。

（2）在"思想道德修养与法律基础"课程基础上，我们应该与时俱进，编写适合大学生特点的法治教育教材。提高法治教育教材的针对性，有利于大学生更快、更方便地学习和巩固法律知识。在设置和编排大学生法治教育的教材内容时要有针对性。

首先，高校大学生法治教育教材的编写，应该集合全国各大高校大学生法治教育的精英教师和专家来进行，实现教材的统一性。

其次，教材内容应该吸收大量典型案例，以案例为主导、以概念和理论为辅助，更能调动大学生学习法律知识的积极性。

再次，高校大学生法治教材要有针对性。针对不同大学、不同专业的学生，要依据其特点来选用法治教材，如非政法类专业的大学生，他们对于法律的认知能力和接受能力，要低于政法类专业的大学生。针对这一特点，高校在选用法治教材时要符合实际情况，在保证普及法律知识的同时，还要考虑不同专业学生的实际需要，使法治教育与专业教育相结合，是大学生就业的潜在要求。

最后，制作多媒体教材，如教学光盘、视频、音频等，打破传统的教学方式。具有针对性的教材，能够让大学生迅速地学习和巩固法律知识，提高其法律素养，培养大学生对于法治的信仰。

（3）在法治教学形式上，高校教师要重视大学生的课堂参与性，大学生不只是带着身体来上课，他们有自己的思维，有独立思考的能力，教师要充分调动学生的独立自主性，引导其发现法治教育课程中或者法治实践中的问题，指导大学生运用法律解决问题，提高其运用法治解决问题的能力。在课堂上，授课教师可以采取多种上课方式，如案例讨论、模拟法庭等方法，让学生自己参与到教学的过程中来，增加其直接运用法律解决问题的机会，培养大学生运用法律武器解决问题的观念，塑造其法治信仰。从教学实际出发，将法治教育与心理等学科有机结合起来，巧妙地优化教材内容，法治教育将达到事半功倍的效果。

首先，法治教育与德育相结合。在高校教育中，德育教育和法治教育不可或缺。大学生正处于性格、社会意识逐渐成熟的阶段，应将法治教育与德育相融合，引导学生形成健全人格和良好的社会集体意识，培养学生社会主义道德品质和良好的心理素质。除普及道德、法律知识外，要帮助大学生认清德与法的关系，掌握基本的法学原理，将理论与实践相结合，进行德与法的辨析。教师要以道德教育为基础，逐步引导学生从道德认识上升到法治观念，从而使其形成遵纪守法的良好习惯和优秀的道德品质。

其次，法治教育与心理健康辅导相结合。在校大学生正处于心理发育期或心理成熟期，其三观尚未成熟，而且性格也在不断完善，缺乏稳定性。特别是近年来，大学生心理问题不断增多，由此引发的法治事件也呈上升趋势。通过将法治教育与心理健康辅导相结合的方式，进一步强化心理健康的指导，使大学生树立良好的心理观念，采取合理的调试方式，减少违法犯罪的动机和行为，为大学生的健康成长起到促进作用。

4. 完善考核体系

法律知识的学习仅仅局限于课堂是远远不够的，只有积极发掘和开拓新的学习平台才能更好地提高法治教育的效果。学校可以尝试实施课后辅导的教学方法，建立课外问题咨询小组或者网络群，遇到疑惑可以进行讨论和研究，而且老师也可以利用讨论小组的形式，引导学生思考，培养学生的逻辑思维，开设法律专业选修课，为有学习法律知识兴趣的同学提供良好的平台，将法治教育纳入学校管理水平、教师业务水平、学生综合素质的考核体系中，科学、规范、全面地进行评估。

（二）改善家庭法治教育

家庭是社会的基本组成单位，家庭法治环境的好坏将直接关系到孩子能否健康成长。现代社会物质生活较为丰富，家庭条件得到较好的改善，独生子女在学生群体中所占的比例逐年上涨，以自我为中心的意识在一些独生子女中逐渐产生，特别是部分家长过分宠爱，使学生的集体意识不断淡化，独立性也大大削弱。要想改变这种状态和趋势，就要对家庭法治教育进行改善。

1. 转变教育观念

面对竞争日益激烈的社会，家长们普遍在学习上、生活上对孩子投入无微不至的关注，过度关注学生的学业和就业，对于孩子的法律等素质却很少顾及。在学习的压力和家长对学业的高度重视下，相当一部分大学生存在法律认知错误的问题，很容易走入法律的禁区。因此，家长必须转变家庭教育观念，引导孩子走出学习的狭小天地，让孩子自觉学法、知法、懂法、守法，提升综合素质，学会付出、学会做人、学会劳动、学会正视挫折，抵制金钱的诱惑，使孩子能以健全的体魄、勤劳的习惯、良好的品格，不怕吃苦与不怕挫折的精神和抵制诱惑、自主自制的能力，走向更美好的明天。

2. 坚持亲身示范

大学生的家长应当以身作则，用实际行动来教育子女。对于处于青春期的大学生，采取行为示范的方式所收到的效果，往往比抽象的说教更好。家庭教育的影响往往是潜移默化的，教育方式、家庭氛围等将在长期的作用下对大学生的意识产生作用，因此要采取科学的教育方式，营造温馨的家庭氛围，使孩子在健康的环境中成长，身心协调发展。

3. 改善教育方式

随着社会节奏的加快，家长需要花费更多的时间和精力在工作上面，而工作往往会带来压力和情绪，这就会使家长在孩子的教育上缺少耐心和长久性，无法形成科学系统的教育机制。很多家长的教育方式简单粗暴、随意任性，缺乏与孩子沟通交流的耐心和方法，因此作者建议每个家庭的家长都应在自身家庭特点的基础上，根据子女的性格特点和学校教育安排，制订合理的情感沟通计划，学习家庭教育的科学方法，增加沟通交流的机会，提高教育子女的能力和水平。

（三）净化社会法治环境

优化社会法治环境是指在克服传统人治思想观念的基础上，不断优化法治的各个环节。良好的社会法治环境是构建大学生法治信仰的社会基础。大的法治环境需要完善的中国特色社会主义法律体系，需要行政机关依法行政，需要司法机关经过无数公平正义的个案积累提升司法公信力，让人民群众在每个司法案件中都感受到公平正义，需要健全权力运行的制约和监督机制。良好的法治环境构建不是某一领域的依法治理，也绝非单一的高校依法治校的实现，而需要全社会多领域法治进程的协同发展。

1. 完善法律文本

坚持民主立法、规范立法、科学立法。在立法时应注意主体的广泛性，尽可能吸收更多的社会成员参与立法活动，规范立法程序，完善法律体系。只有在公平、公正的社会环境中，才能激发学生学习法律、信仰法律、遵守法律和运用法律的热情，社会才能和谐。此外，还要进一步规范行政执法和司法履行，严格按照法律程序办事，使法律制定的本意得以实现，为大学生法律意识的增强营造良好的社会环境。

2. 引导舆论方向

舆论是一种看不见的媒介，却有很大的威力。实践证明，只有坚持对舆论方向的正确引导才能更好地带动社会的发展和进步。在法治现代化和网络媒体迅速普及的今天，讨论导向尤为重要。新闻宣传应坚持法律原则，营造良好的舆论环境，合理疏导公众情绪，促进社会的和谐进步。

道德的底线是法律，在法律的范畴中，我们要判断的是一个行为是否合法。法律规定了我们不能做什么，也规定了如果做了规定不能做的事，会受到什么惩罚，同时还规定了我们的责任。如果丧失了道德的评判尺度，那么道德的底线就会变得模糊不清。社会就会缺乏衡量道德与法律的标准，从而导致法治环境的混乱。

3. 规范网络行为

大学生是 21 世纪国家建设的主力军，也是接触网络人数最多的群体，网络给他们生活和学习带来积极影响的同时，也不可避免地产生一些消极的影响。如何建设健康的网络环境已经成为不可回避的问题。网络环境的自由开放使人们的行为和思维与现实生活当中相比少了许多束缚。对大学生来说，网络秩序的维护仅仅依靠道德素质还远远不够。立法机构必须建立健全网络管理的法律法规，执法机构也要加强对互联网的监督管理。校园网络环境的建设还要遵循网络传播规律，正确引导网上舆论，做大做强正面宣传，用正确舆论引导学生形成昂扬向上、团结奋进的网上主流舆论。

（四）引导大学生自我法治教育

大学生法律素质的提升要坚持内外结合的方式。大学生不应仅仅成为法治教育的对象，更应成为法治教育的主体。要充分调动大学生自觉学习和应用法律的积极性，鼓励他们通过多种渠道的学习，努力领会法律内涵，增强法律意识，把法律精神慢慢渗透到日常生活中去，从而达到知与行的统一。

法律知识的应用和法律素质的提升是以掌握法律知识为前提的，只有具备了良好的法律知识才能更好地将其应用于社会实践过程中，从而使法律素质在法律知识的学习和应用的过程中得到提升，达到提高大学生法治教育实效性的目的。

由于上课时间有限，大学生学习法律知识的深度和广度都受到了不同程度的限制，因此，要想提高大学生法治教育的实效性，就要不断开拓法治教育的平台。

特别是对于大学生自身来讲，发掘法律知识学习和应用的更多渠道，可以提升自身法律知识的储备和应用法律的能力。因此。大学生要通过多种渠道的学习，努力领会法律内涵，增强法律意识，把法律精神慢慢渗透到日常生活中去。

法律在规定人们应当履行义务的同时也赋予了人们保护自身合法权益的权利。除学习之外，大学生的日常生活中也会遇到很多的法律问题，学校、家庭和社会通过设定各种规章制度，指导并帮助大学生明确自身的义务，而大学生自身权利的行使却在不同程度上处于搁置状态。大学生一定要在遵守法律法规、认真履行自身义务的同时，勇于并善于行使自己的权利，当自身合法权益受到侵害时，拿起法律武器捍卫自身的合法利益。这不仅对于大学生自身有益，对于我国法治化进程也有积极的意义。

第三章　法治人才培养要点分析

众所周知，全面依法治国是一个系统工程，法治人才培养是极为重要的组成部分。本章节分别从法治人才培养的目标、法治人才培养的理论基础、思政教育融入法治人才培养、复合型法治人才培养探究出发，对法治人才培养要点进行阐述。

第一节　法治人才培养的目标

法学教育是现代高等教育的一大类别，其首先应当具有现代高等教育的一般特征，因此，法学教育应当注重培育青年人的公民基本素质，应培养一个优秀公民应当具有的素质，或者说是一个国民表率的素质。法学教育除培养学生热爱祖国、关爱他人、服务社会等基本公民素质外，还要培养学生强烈的正义感和人文关怀的理念，对法科学生而言，应当有严格的道德自律，其人性应当达到一种更高的境界。

因此，法学教育中的德育目的在于培养德法兼修的法治人才，使接受法学教育的法律人成为具有良好的职业伦理道德的个体，使法律职业成为以品德高尚为精神纽带的群体，法律职业共同体的人文底蕴和共同伦理道德准则得以形成。

在全面依法治国的今天，法律人自身对于法律的信仰是推动国家法治建设的重要动力。否则，会将法学教育中德育的作用泛化，以致将法学教育中德育建设的复杂性和丰富内涵简单地归结为"道德教化"，误以为法学教育中的德育就是法律职业道德建设的全部。其实，法学教育中的德育目标并非简单的道德教化，而是通过促进法律人对法律职业道德的全面理解和深刻认知，更好地树立法治信仰，养成法治思维，恪守法律伦理道德，追求社会正义，具备敬法、尚法、护法之法律人必备的法治人格。

人格是一种相对稳定的社会价值心理事实，它是人们在将一定时期的社会主义价值理念转换成经验效果后的一种心理信念上的表现。因此，法学教育也是要在把学生培养成人的基础上进而培养出符合建设社会主义法治国家所需的法治人。只有通过德育把学生培养成厚重自尊、文明正直、品德高尚、充满爱心、富有责任感的人，才完成了树人的使命，才能够满足民族进步、国家建设、社会发展的基本需要。法学教育中的德育目标引领着整个法学教育体系的顶层设计，直接关系着法学教育中德育的确定方向、统一认识、规划内容、选择方法、建设队伍、有效管理与科学评价等一系列问题。它既是法学教育的起点，又是法学教育中德育的归宿，是法学教育中德育的首要问题。

法学教育中的德育过程，正是在开展法学教育的同时，在知、情、行的统一交融，递进和发展的流程中，实现既定的法学教育的德育目标，包括一般的德育目标和法律职业所要求的特殊德育目标。一般的德育目标，包括法律人自觉接受诚实守信、公序良俗等基本道德规范等。法律职业所要求的德育特殊目标，包括追求自由平等、维护公平正义的良好品格。法治信仰和养成法律职业伦理，恪守法律职业道德。与此同时，中国特色法学教育中的德育除了应当实现德育的一般目标，还有自己所特定的目标。不管使用哪种教学计划，法律职业道德教学无疑是更高且更难达到的目标，这个目标被描述为传授品质、正直、美德和价值观。不论如何描述这个目标，并非所有的人都认为它是可以达到的。

法律职业共同体由法学院的学者和教授、执业律师、检察官、法官和其他法律职业工作者组成，既是一个实在的团体，同时，也是一个观念上的团体，法律职业共同体具有对法律和法治的共同认知，遵循共同的标准和规范，有统一的知识体系和职业思维，规范的法律职业语言和行为模式、法治信仰及法律职业伦理的统一。法律职业共同体对于统一法律职业道德的认知主要是靠法学教育中的德育。法学教育中德育的特定目标分为诸多层次，有赖于系统的法律专业学习才得以理解和培养。通过系统的专业学习和法律职业道德的培养，使学生具备法律职业思维及职业伦理，更好地服务于中国法治建设。

虽然我国法学教育的规模较大，但法学本科毕业生中只有极少一部分人从事律师、检察官和法官等职业，更多的是到政府部门、企事业单位或其他社会组织等机构就业。当前法学教育的人才培养目标如果仅仅强调以司法为中心的法治专业队伍的培养，就难以适应全面推进依法治国时期对社会各行业所需多元化法治人才的现实要求。因此，在新时代中国特色社会主义法治国家建设进程中，尤其应强调行业法治人才的培养，因为只有行业法治人才的极大丰富才能满足国家治理现代化背景下对多元化法治人才的需求，行业法治人才与人民群众利益的保障息息相关。

一言以蔽之，无论法学教育如何开展，其最终目的都应积极回应时代与人民的要求，培养为国家、为社会、为人民服务的法治人才。因此，法学教育改革应当以深化依法治国实践和法治发展对法治人才的现实需求为导向，即以培养高素质行业法治人才为主要目标，使法学教育培养出的法治人才能够真正适应社会的多样化需要，在社会各行业中都能够为建设法治中国添砖加瓦。

实践证明，任何脱离国情、无视社会现实的改革都是难以成功的，法学教育改革必须以当前全面依法治国对法治人才培养提出的新要求为导向。特别是伴随着经济全球化、政治多极化、文化多元化、信息现代化的迅速发展，法学教育改革既要符合中国特色社会主义法治队伍建设所提出的普遍性要求，又要适应社会不同行业对多元行业法治人才培养提出的专门性、特殊性要求，这就要求法学教育改革应根据全面依法治国提出的法治人才培养的新任务和新要求，高瞻远瞩全方位设计法学教育改革路径，创新法治人才培养机制，逐步建立起符合全面依法治国要求的法治人才培养目标、培养方案和培养路径。

从全面依法治国所要求的高素质行业法治人才培养目标出发，行业法治人才的培养除了符合法治人才培养的一般要求，还应适应各行业具体的职业素养要求。因此，各高等院校在培养行业法治人才时，应尤其注意法学学科与其他学科之间的资源共享、互惠合作，通过法学学科与其他学科的交叉融合，促进学科之间的资源共享、机制重组与专业优化，以发展新兴学科和交叉学科等方式，建设特色专业、特色学科和跨学科项目研究等形式，联合不同学科的共同力量，促进法学知识与行业技能相结合的专门行业法治人才培养，以适应社会不同行业对法治人才的不同需求。

第二节　法治人才培养的理论基础

一、马克思主义人学、法治思想及中国共产党人法治教育思想

（一）马克思主义人学思想

近年来，随着中国经济社会的全面发展，马克思主义人学研究也有了长足的发展。学界对马克思主义人学研究的内容和范围不断扩展，包括人的本质研究，社会主义核心价值体系与人的价值实现研究，马克思主义人生观、价值观研究，人道主义研究，马克思主义人权研究，马克思主义人的信仰和理想研究等内容。基于高校法治教育实效性研究，下面主要从马克思主义人的主体性思想、人的全面发展思想、人的社会性思想等方面着力阐释马克思主义人学思想的核心内容。

1. 马克思主义人的主体性思想

马克思的主体性思想扬弃了西方马克思主义以前的旧哲学。旧哲学仅仅将人的主体性限于哲学理论的任务、限于本体论的窠臼、限于唯心主义的范围内进行探讨的不足。马克思立足实践，赋予主体以现实性、具体性和实践性，提出主体是理性与实践的统一、现实与具体的统一。马克思的主体性思想认为人正是通过实践活动把自己的主体力量对象化为客观实在，从而使外部物质世界具有了属人的性质。主体性问题在马克思理论中带有总体性。人在实践活动的基础上把他人、自然、人类社会设定为异己的对象，人的主体性生成必然涉及人与人、人与自然、人与社会、精神和肉体各个方面的关系。马克思的主体性思想体现了哲学向主体的回归、世界向人类社会的生成。

人的主体性在对象性活动中体现出人作为人的自主性、能动性、创造性、目的性等主体规定性，但同时人的主体性受到对象性存在物的制约，人的主体自觉能动性是受制约的、受限制的，不是无限的。

马克思人的主体性思想从唯物主义的视角高屋建瓴地指出了人的主体性发挥是人作为主体的能动性和创造性的体现，同时也受实践对象的制约与限制，但人的主体性的自觉，尤其是确立个人的主体性是当代中国权利理论兴起的逻辑起点。

2. 马克思主义人的全面发展思想

人的全面发展思想贯穿于整个马克思主义人学思想的始终，是马克思人学思想自始至终内在一贯的价值旨归、终极目的与方向牵引。马克思更是将人的自由全面发展视为共产主义社会的本质特征。

马克思人的全面发展思想通过人的发展与社会发展关系的辩证论述，为当代中国人与人、人与社会和谐发展，以人的全面发展促进社会的全面发展奠定了深厚的理论基础。同时，马克思人的全面发展思想是在科学个人观的基础上承认每个人的自由全面发展，这种每个人自由全面发展，既不是个体主义命题，也不是整体主义命题，而是一个彻底的集体主义命题，是对个体主义和整体主义的双重超越，是集体主义的最高表现和完成形态。以人的全面发展为理念的教育价值观为高校法治教育发展道路指明了方向。

3. 马克思主义人的社会性思想

马克思主义人的社会性思想是马克思人学思想的重要内容和特征。人的社会性就是所处社会特征的总和。马克思从人的社会性入手不仅对人区别于动物的本质有了明晰的认识，而且对人和人之间现实的、社会的本质进行了彻底的探讨。马克思对人的社会性的论述廓清了文艺复兴时期自然主义人道主义、18世纪法国启蒙运动时期理性主义人道主义、19世纪法国空想社会主义人道主义以及19世纪德国人本主义人道主义对人的人性、人的本质的抽象议论和认识，指出："人的本质不是单个人所固有的抽象物，在其现实性上，它是一切社会关系的总和。[①]"人的社会性主要通过人的合作性、集体性、公共性以及人的差别性体现出来，人的社会性是人的本质属性。

马克思主义人的社会性思想一方面为人积极融入社会发展提供了理论依据，另一方面也为鼓励个人通过人与他人、人与社会活动建立人与人之间的权利义务关系提供了智力支持。同样，马克思人的社会性思想不仅为高校大学生更好地理解法的产生提供了认知前提，而且也有利于理解人的社会性与法的内在价值之间的关系，因为法的自由、秩序、正义等内在价值都是人的社会性的集中体现。

---

① 马克思，恩格斯. 马克思恩格斯选集第1卷 [M]. 中共中央马克思恩格斯列宁斯大林著作编译局译，北京：人民出版社，1966.

（二）马克思主义法治思想

马克思主义法治思想是马克思和恩格斯对法的根本看法和观点，包括法的产生、起源、发展、本质等。马克思主义法治思想的基础是对资本主义法治的批判，将马克思主义历史唯物主义和辩证唯物主义的立场集中体现了出来，我们可以从马克思哲学、历史学等方面的著述中看出马克思主义法治思想。对马克思主义法治思想进行全面、科学、整体地理解，使得高校的中国特色社会主义法治意识形态教育有了理论基础，使得高校师生坚定中国特色社会主义法治理论和道路自信。

1. 主张法的阶级性与社会性是其在本质与作用上的相互统一

马克思认为统治阶级的阶级性决定法的本质。资产阶级统治者部分人的意志就是资本主义，他们不可能代表广大人民群众的利益，法是上层建筑，是对统治阶级的阶级意志的集中体现，在《共产党宣言》中他明确指出："正像你们的法不过是被奉为法律的你们这个阶级的意志一样，而这种意志的内容是由你们这个阶级的物质生活条件来决定的。[①]"马克思的这句话反映了资本之于法的阶级性，也说明了在阶级社会，法也必然会有阶级性，这是客观的，是不以人的意志为转移的。马克思承认了法的阶级性，但是他也认为法具有社会性，法管理国家和社会体现了其社会性，通过法的社会性，阶级社会的法的阶级性才能表现出来。阶级社会统治者正是通过法的公共职能，如管理、约束等，来维护自身的利益。因此恩格斯强调："政治统治到处都是以执行某种社会职能为基础，而且政治统治只有在它执行了它的这种职能才能持续下去。[②]"我们在对马克思主义法治思想时进行认识和学习的过程中，要看到马克思对法的阶级性的论述和对法的社会性及其社会职能的肯定，法具有阶级性，但不能因此忽视法的社会性，同理，法具有社会性，但也不能忽略法的阶级性。

2. 强调良法的人民主体性

良法成立的基础是人民意志，这是马克思所倡导的，法律只有体现人民的意志，才是符合社会发展规律的，是科学的。法律只有体现人民意志，人民才会愿

---

① 中共中央马克思恩格斯列宁斯大林著作编译局.马克思恩格斯选集第 2 卷 [M].北京：人民出版社，1972.

② 马克思，恩格斯.马克思恩格斯选集第 1 卷 [M].中共中央马克思恩格斯列宁斯大林著作编译局译，北京：人民出版社，1966.

意遵守它。阶级社会的法带有私人利益，所以人民的意志就无法得到彰显或者非常微弱，而取得无产阶级政权之后，体现人民意志的良法就有了阶级基础。马克思主义强调无产阶级政治家的政治立场在法治观上的反映就是法的人民主体性。

3. 倡导依法治国是无产阶级政权维护自身利益的必要选择

马克思和恩格斯认为统治阶级的性质决定法的性质，同时他们也认为国家与统治阶级意志通过法律来集中反映。在统治阶级取得政权后，为了巩固自己的统治，表达自己的主张，就必须制定法律，通过法律使自己的观点得到表达，使自己的利益得到维护，这样法律就有了普遍的效力。无产阶级建立政权后，如何对新法律与旧法律之间的关系进行处理，马克思、恩格斯也明确表示："旧法律是从这些旧社会关系中产生出来的，它们也必然同旧社会关系一起消亡。它们不可避免地要随着生活条件的变化而变化。不顾社会发展的新的需要而保存旧法律。①"由此可知，马克思主义法治思想明确无产阶级在取得政权后，不仅要将旧法律进行废除，同时还要建立新法律，新法律要适合无产阶级新的社会关系，要能巩固无产阶级的新政权。

马克思虽然没有为法和法治专门著书立说，但是其各种相关论述中都能窥见其法治思想，如《德意志意识形态》《共产党宣言》等，马克思主义理论中是包含马克思主义法治思想的，同时两者不可分割。马克思主义法治思想不仅指明了新时代中国特色社会主义法治道路的发展方向，也为创建新时代中国特色社会主义法治理论提供了理论基础。同时，马克思主义法治思想中也蕴含着人本思想，这就指明了高校法治教育立德树人的发展方向。

（三）中国共产党人法治教育思想

随着不断深化对法、法治和法治的理解，中国共产党人在不同阶段都提出了不同的法治的要求，并且根据中国革命、建设、改革的不同时期的依法治国建设目标，从不同层面丰富和发展了法治教育理论。

毛泽东开创了中华人民共和国的民主法治，使得中国法治建设在理论和实践上都有了一定的基础，他重视修订中华人民共和国具体法律法规，也重视开创性地探索我国法治。毛泽东法治教育思想主要有四个方面：一是对我国社会主义法

---

① 马克思，恩格斯．马克思恩格斯全集第 6 卷 [M]．中共中央马克思恩格斯列宁斯大林著作编译局编译，北京：人民出版社，2016.

治教育的根本价值诉求进行了明确，即人民民主专政；二是强调社会主义法治教育鲜明的人民性；三是强调党员干部在遵法、守法方面起模范作用；四是提倡在法治教育过程中将法律惩戒与思想改造相结合。

在中国改革开放初期，邓小平总结了我国法治教育的经验教训，同时又将法治和端正党风摆在了同等重要的地位。要加强法治，就要注重法治教育。在法治教育方面，邓小平强调法治教育思想在四个方面的体现：一是法治教育对象具有广泛性；二是加强法治教育就要重视法律知识宣传普及；三是强调在全体人民中树立法治观念，这也是法治教育的目的；四是对高校法治教育进行了强调，高校法治教育者自身的法律形象和素质要好，同时注重培养大学生法治观念，以自身为榜样影响教育学生，使得旧的师生关系转变为新型的师生关系。

江泽民的法治教育思想紧密结合了依法治国的基本方略。1997年，中国共产党第十五次全国代表大会在北京举行，大会首次提出将依法治国作为党的基本方略，提出我国要依法治国，健全社会主义法治，建设社会主义法治国家，明确了政治体制改革和民主法治建设的目标，即进一步扩大社会主义民主。在依法治国的统领下，法治教育理论从四个方面来体现：一是突出强调了在依法治国中，法治教育具有十分重要的战略地位；二是在法治教育中要注重法律意识教育；三是强调法治教育与道德教育的有机结合；四是法治教育与法治实践教育相结合。

在社会主义法治国家建设进程加快的背景下，胡锦涛提出社会主义法治理念教育，这一理论提出的基础是建设什么样的法治国家、如何建设社会主义法治国家的问题得到科学解答。胡锦涛法治教育思想的主线是社会主义法治理念教育，主要有三个方面的体现：一是明确提出社会主义法治理念教育要有序开展，使得各个行业都能得到法治观念的熏陶，明确提出无论是教材还是课堂都要体现社会主义法治理念教育，让这一理念进入学生头脑；二是注重宣传社会主义法治精神，社会主义法治理念教育强调民主法治、依法治国、执政为民、公平正义、自由平等，使我国形成深厚的法治文化氛围，促进社会主义法治精神的弘扬和宣传；三是注重法治教育成效。

新时代，在中国共产党确立依法治国基本方略的前提下，习近平总书记对全面依法治国新思想、新理念、新战略进行了系统阐释，习近平总书记关于法治教育的重要论述有以下四个方面的体现：一是积极进行道德教育，使得法治受到道德的滋养，并在其中突出法治内涵；二是注重营造法治教育的文化环境；三是法治教育的目标是推动全体人民崇法、尚法，树立法治信仰；四是注重将法治宣传教育方法与提高法治能力相结合。

在中国建设和改革开放时期，中国共产党人积极探索、丰富和深化法治教育理论，一方面在我国社会主义建设和改革的布局中对我国的法治教育进行理解和领悟，另一方面有利于促进高校法治教育改革，为其指明了创新发展的方向。高校法治教育实效性的提高是客观性的要求，不仅是高校对提高教育效果的客观要求，也是高校积极融入我国社会主义建设和改革的客观要求。对中国共产党人法治教育思想进行梳理，使得我们能够拥有法治教育的大局意识，可以从一个历史的、整体的视野来看待法治教育，促进高校法治教育改革，避免其局限性。

二、主体教育理论

如果说现代思想政治教育人学理念道路的转向是由马克思主义的一系列理论引导的，那么同样的，中国现代法治教育从工具理性转向价值理性的新路也是在马克思主义理论引导下进行的，这些理论具体包括人的主体性、本质、需要、价值、权利和义务、自由和平等、理想和信念以及人与社会的关系、人和人的关系等方面。在高校法治教育中，存在一个亟须解决的难题，那就是如何让大学生在有限的法治教育中充分发挥其作为主体的自主性、能动性、创造性。主体教育理论为我们提供了新的理论视域，以便从教育哲学视域对高校法治教育的实效性进行研究。

（一）主体教育理论提出的社会文化环境

20 世纪 80 年代，中国的改革开放进程迅速加快，中国的经济也得到大发展，在这个大变革的时期，人们的物质条件越来越好，但是精神却越来越低落，人们的主体意识逐渐被唤醒，随着现代社会的到来，主体教育理论应运而生。主体教育理论是教育学领域反思人们该如何体现自身主体地位的理论。全球现代化过程为人类带来了科技，人们不用再进行一些繁重、危险的劳动，人们的生活越来越便利，物质条件越来越丰富，但是同时人类也面临着一系列的问题，比如核战威胁、生态污染等。主体性是支撑人类现代化进程的思想观念，在面临了一系列问题之后，主体性的理解从激情高扬变成了消解反思，哲学家和教育学家开始对其进行研究。

主体性问题始终与历史条件相适应，西方社会也因为其发展快于中国而提前面对了人的主体性问题。西方社会在 18 世纪工业文明之初，人们沉醉于物质的享受，沉醉于对科技的满足感上，人们坚信科技至上，人的主体性在那个时期主要表现为毫无节制的征服自然，这是其外化表现，而其内化表现就是将人的主体性作为人生的心跳，将人类视为大自然的主宰、世界的主人。

如果说工业文明时期人们主体性的外化展现是占有，那么西方哲学家对人的主体性的思考就是从形而上的角度进行的，他们对主体性进行了深刻的思考，康德说人的理性为自然立法，笛卡尔说我思故我在，黑格尔更是将近代哲学推到了极端，实体即主体的主体性思想。哲学家们对主体性的思考虽然走向极端，但并没有终结，依旧在不断前进。19 世纪末 20 世纪初，西方哲学家们对主体性的思考出现了集体的转向，海德格尔、萨特从存在论的意义上考虑，试图演进主体性的思考，阿佩尔、哈贝马斯从语言学角度来研究主体性，胡塞尔力图超出单独自我意识的努力，提出交互主体理论。

马克思主义哲学的研究范畴虽然没有直接列明对主体性进行研究，但实践与主体是其出发点和立足点。马克思认为只有不断地进行实践，人才能不断生成主体性，这个理解很好地贴合了他的历史唯物主义，使得人类避免了对主体性的过分依赖，人类才不会陷入人与物的异化，为主体性的研究打开了一条新的认识通道。

随着西方不断深入对主体性认识，主体性视野下的教育理论也不断演进，从自然主体教育到理性主体教育再到价值主体教育。18 世纪产生了资本主义，随着实践的不断发展，个人主体性逐渐膨胀，人类开始反思主体间性、生活世界等方面的内容，这种对主体性的反思被西方哲学家称之为"主体性黄昏。"

随着我国市场经济的不断发展和完善，我国也随之提出了主体性教育。一方面，社会不断发展，经济水平不断提高，人们的物质条件越来越好，人们的精神世界也应该得到满足，要想使得我国的经济持续发展，就必须要发挥人的主体性作用，这样才能使得科学技术有机会发展。另一方面，随着改革开放进程的加快，人们接触到越来越多的思想，在这种浪潮之下，人的思想越来越开放，从而使得人的主体性的个人解放有了理论前提作为支撑。

（二）主体教育理论的教育主张

自 20 世纪 80 年代以来，主体教育经历了一系列探索，学术界进行了多方面的教育观点的激烈交锋，先是对主体、主体性、教师主体、教育主体、学生主体、学校主体等一系列概念进行了辨析，之后又在此基础上提出了很多理论，如学生主体论、教师主体论、双主体论、互为主体客体论等。有学者指出，不同意义上的主体有着很大的区别，主体教育理论中的主体是认识论意义上的主体，认识论意义上的主体不等于认识的主体，同样的教育中的主体理论不等于主体教育理论。

我国主体教育理论经历了很多阶段之后，进行了反思、总结、批判、概括和提升。2005 年在河南大学召开了一场专题学术研讨会，这场会议是全国主体教育理论第二届会议，通过会议，大家一致认为，我国"主体性和主体性教育不是走向黄昏，而是在依托 13 年教育实验的基础上，开始了更为深入的研究；主体教育在我国当前乃至今后的一个时期内，仍是一个历久弥新的话题[①]"。总之，主体教育理论对于主体的理解是从认识论的意义上展开的，主体是指承担者，有目的进行认识活动和实践活动。主体的基本内涵为有意识的人进行有目的的认识—实践活动。在认识—实践活动中，本质上，主体与人是内在统一的。由此可以看出，主体教育理论有着丰富多彩的内涵，博大精深的思想。

（三）主体教育理论的理论旨趣

随着人们不断加深对主体和主体性的理解，主体教育理论也在不断地发展变化，作为一种现代教育理论，主体教育理论的教育目标和理论旨趣呼应着其哲学基础。从哲学上研究的主体和主体性，促使主体教育理论的培养目标和最高培养目标都在近期得到了发展。

通过主体教育理论开展了人们一系列讨论，主要包括教育本质、功能以及教育与人的关系，这也带来了教育观念的不断更新，有利于促进教育对象的主体性的觉醒。这种主体性品格的觉醒为未来的法治建设奠定了基础，法治社会公民具有主体性，促进法治的发展。在现代法治社会里，主体教育理论从教育方式方法

---

① 刘志军，张红霞.第二届主体教育理论专题学术研讨会综述 [J]. 中国教育学刊，2005（04）：37-39.

上使得大学生主体意识得以形成，使得大学生拥有主体自觉意识，为进入法治社会树立法治意识奠定了基础，这不仅符合现代法治教育的内在要求，高校法治教育有了新的方向，也使得大学生拥有良好的个体思想，从而适应法治社会治理方式。

在法治生活中，人按照自己意愿来对活动进行选择，能够清晰地意识到自己所进行的活动的内容以及将会产生什么后果，自身具有自觉性和自律性，通过对社会关系的创造、支配、变更体现出主导性，从而积极地适应社会结构和社会环境，通过自身的意志和行为对他人和社会的主动性产生反作用，在法治生活中，具体展现和发挥了个体主体意识。主体教育理论促进了大学生主体意识的生成及养成，促进了高校法治教育的实效性。

三、有效教学理论

20世纪上半叶，捷克教育学家夸美纽斯撰写了《大教学论》，其中有一种教学理论，称为有效教学（effective teaching）。通过简易可靠的方法，把一切事物交给一切人类的全部艺术，教员教得少，学生学得多，这种思想为后续的有效教学理论研究奠定了基础。西方有效教学思想的提出是为了解决现实教学的低效问题，随着教育的不断发展，各种有效教学思想也浮现于人们的视野当中。

西方的有效教学理论的基础发生了多种转变，从以夸美纽斯感觉论为基础、以赫尔巴特心理学为基础、以杜威的儿童中心为基础、以布鲁纳的结构主义心理学为基础、以布鲁姆的掌握学习理论为基础到以奥苏伯尔讲授教学为基础。基于实践形态，苏霍姆林斯基的有效教学思想也在不断发展，有效教学的研究范围不断扩展，也不断深化，其范围是学科教学—儿童中心—学科知识结构—所有的人—认知结构—人的培养。

通过对西方有效教学思想进程的研究，我们发现有效教学思想主要体现在两个方面：一是思想的主要特征是追求教学效率，这种思想认为知识教学是非常重要的，在进行知识教学的过程中，学生的能力和情感会自动得到发展，代表人物有赫尔巴特、布鲁纳、瓦根舍因、夸美纽斯、凯诺夫、布鲁姆等。二是思想的主要特征是追求学生的个性发展，这种思想认为真正的有效教学不仅要使得学生的个性得到发展，还要使得学生得到各方面的发展，包括知识教学、人格教育、情感教育等，代表人物有赞科夫、罗杰斯、杜威、多尔。

在西方有效教学理念的影响和启发下，我国的有效教学理论取其优点，并立足于中国教育的实际情况，面向中国教育实践问题，针对目前教育课程体系存在的一系列问题。2001年，钟启泉、崔允漷、张华多维阐释了《基础教育课程改革纲要（试行）解读》，阐述了课程内容、实施、资源以及教学过程和教学手段等方面，提出开展基础教育有效教学的新要求。自此之后，我国的有效教学研究得到了更多的关注，从多个方面展开了研究，从此开始，我国有效教学的研究持续升温，集中从教师视角、课程视角和学生视角分别对有效教学课堂教学活动、新课程改革、学生自主学习等方面开展了大量的研究。在实践中，我国有效教学改革活动也是此起彼伏，目标教学、主体性教学、情感教学、生命性教学、双基教学以及新课程教学都是有效教学的实践创新方式。

我国有效教学经历了早期以效率为取向的局部或散点式教学改革，到追求科学化的教学实验探索，再到新一轮基础教育课改的兴起，最后到在学校转型性变革的整体思路下开展的以学生的学习为中心和以学生的发展为本的有效教学改革历程。可以看出，有效教学理论是一个动态发展的概念，它随着历史发展和教育目标的变化而不断变化，这种变化促使有效教学从静态概念的界定转向动态实践的观念。

四、泰勒课程原理

（一）确定教育目标是课程开发和实施的前提和基础

泰勒认为，要合理地确定教育目标，必须考虑三个来源，即学习者本身、当代校外生活、学科专家对目标的建议。因为任何单一的信息来源，都不足以提供能让学校教育目标作出全面且理智的决定的基础。因此泰勒认为，通过研究学习者本身，研究当代校外生活和研究学科专家对目标的建议是确定教育目标的前提和基础。

（二）学习经验的选择是教育目标实现的关键

在教育过程中，学习者只有通过自身的教育经历并通过对身处环境所产生的反应才能内化教育计划的要求，在设计一项教育计划以实现特定目标的过程中，教育经验的选择决定了学习行为的产生，从而决定着教育目标是否能够实现以及实现的可能性。学习经验是泰勒课程原理中的一个重要概念，所谓学习经验是指学习者与使他起反应的环境中的外部条件之间的相互作用。

（三）学习经验的组织是教育目标实现的有力保障

人类行为的一些重大改变，并非一日之功，如人们的思维习惯、生活方式、大脑中固有的想法、情感倾向、日积月累的兴趣倾向或喜好等，对这些行为的改变不仅是缓慢的，而且效果甚微。为了使教育经验产生累积效应，就必须将它们组织起来，学习经验的组织作用不仅会像不同排列组合那样产生不同的效果，也会影响学习者的学习效果。

（四）学习经验的评价是检验和改进教育目标的参照

基于学习经验的评价是检验和改进教育目标的重要因素，泰勒将评价正式引入课程编制的过程之中，目的在于检验和确定教育目标在课程实施过程中是否得以实现。泰勒对评价进行了界定，所谓评价就是对课程预期的教育目标实现程度和实际效果的检验。

泰勒的课程原理为高校法治教育实效性的研究提供了坚实的课程理论基础，不仅突破了对法治教育研究法学视角的局限，而且为从"思想道德修养与法律基础"这门课程中分析当前法治教育的实效性提供了实践分析的理论基础和操作指导，使高校法治教育的效果不仅局限于实践的考问，为高校法治教育形而上的研究拓宽了进路。泰勒的课程原理使我们对在研究高校法治教育过程中如何认识和处理培养目标、教育目的、教育目标、课程目标进行了具体细分，并且对课程目标确定的重要性有了非常清晰的认识，同时为以课程目标为评价准则的评价模式提供了理论依据。

主体教学理论、有效教学理论和泰勒的课程原理，从学习、教学、课程三个方面，尤其是从课程角度为研究高校法治教育实效性提供了坚实的理论基础，当然每一个理论的提出都是在不同的时代下的，是根据所面临的不同现实问题而提出的，因此每一个理论都有其特定的问题域和特定的解决问题的观点和方法，但这并不妨碍我们以此为理论依据分析高校法治教育的现实问题。在高校法治教育实效性研究过程中，我们发现课程、教学、学习并不是单独存在的，一门课程的效果如何，必须建立在对这门课程教学、学习以及评价的客观分析基础上，因为实践中课程、教学、学习这三者存在直接而密切的关联，课程与教学的关系离不开它们与学习的关系，而且，学习是理解课程与教学关系的一个关键，或者说是一个逻辑中介，因为它们都是以学习为根本的。只有与学习关联起来，才能真正把握课程与教学的关系。

第三节　思政教育融入法治人才培养

习近平总书记深刻指出，"全面推进依法治国是一项长期而重大的历史任务，要坚持中国特色社会主义法治道路，坚持以马克思主义法学思想和中国特色社会主义法治理论为指导，立德树人，德法兼修，培养大批高素质法治人才[①]"。改革开放以来，我国法学教育和法治人才培养成效显著，形成了多类型、多层次的法学教育体系，建成了种类齐全、内涵丰富的法学学科体系，法治人才培养规模和质量不断提高，为法治领域输送了数以百万计的专门人才。尤其是党的十八大以来，以习近平总书记为核心的党中央高度重视全面依法治国和法治人才培养，在科学、准确研判新形势、新任务的基础上，对如何造就一支高素质的法治人才队伍提出了一系列重要思想和重大部署。

高校是人才培养的主阵地，政法院校更是输出法治人才的主要供给侧。就如何进一步深入贯彻落实全国高校思政工作会议精神和习近平总书记考察中国政法大学时提出的关于全面推进依法治国和全面做好法治人才培养工作的最新指示而言，须以立德树人为本，以德法兼修为要，切实做好法治人才培养的供给侧改革。这已经成为衡量政法院校担当、作为和智慧的根本遵循。

一、以立德树人为本

（一）坚持立德树人的根本导向

我国的传统文化历来重视发挥德育的作用，强调格物致知、诚意正心、修身齐家、治国平天下的修身路径。帮助大学生扣好价值观形成链条的第一粒扣子，

---

① 习近平在中国政法大学考察 [J]. 四川教育，2017（06）：8-9.

需要把立德树人摆在人才培养工作的重要位置。立德树人是中国特色社会主义教育事业的核心所在，是培养社会主义建设者和接班人的本质要求。坚持立德树人，就必须加强中国特色社会主义教育，用马克思主义中国化最新成果武装师生头脑，帮助师生增强道路自信、理论自信、制度自信就必须加强思想道德教育，努力使学生具有高尚的道德情操、深厚的文化底蕴、良好的审美情趣。

（二）坚持中国特色社会主义的价值立场

随着中国特色社会主义事业不断发展，法治建设将承载更多使命，发挥更为重要的作用。建设法治国家、法治政府、法治社会，实现科学立法、严格执法、公正司法、全民守法，都离不开建设一支高素质的法治工作队伍。这就需要我们坚持法学教育的社会主义核心价值观，坚持中国特色社会主义法治人才培养体系。党的十八大报告立足国家、社会和个人三个层面，用了二十四个字对社会主义核心价值观作了凝练概括，即国家层面倡导富强、民主、文明、和谐；社会层面倡导自由、平等、公正、法治；个人层面倡导爱国、敬业、诚信、友善。这就回答了国家层面的价值目标、社会层面的价值取向和公民个人层面的价值准则，其精髓就是社会主义法治精神。树立社会主义核心价值观，离不开社会主义法治精神的支撑作用。

（三）聚焦德法兼修的培养模式

德法兼修的法治人才应该是培养真心认同、自觉践行社会主义核心价值观的"四有新人"。

第一，要有过硬的思想政治素质。要把思想政治建设放在首位，忠于党、忠于国家、忠于人民，将社会主义核心价值观内化于心、外化于行，这是衡量法治人才素质高低的基本前提。

第二，要有良好的职业道德和法律信仰。在我国社会转型期，面对复杂国际环境，法治人才须拥有坚定的法律信仰和良好的职业道德，保持高度的政治敏感度和正确的意识形态；同时须坚持职业操守，成为社会主义法治事业坚定的维护者和践行者。

第三，要有丰富的法学知识以及相关的人文社会科学及自然科学知识储备。当今社会，法律职业高度细分，高素质的法治人才不仅需要广博的通识教育知识，更加需要从事一线法律行业所需要的专业知识，还需要法律和其他学科交叉的复合型学科知识背景和结构。

第四，要有较强的实践操作能力。法治人才必须具备将理论运用到实践的能力，包括对社会生活的敏锐观察力、逻辑思维能力、口头表达能力和文字写作能力等。

二、以德法兼修为要

（一）构建中国特色社会主义法学学科体系

加快创建中国特色、世界一流法学院校，需要加强法学学科体系、学术体系、话语体系、课程体系、教材体系等方面建设，"号"好社会人才需求之"脉"，做到高校学生培养方案、课程设计无缝衔接社会现实需要。要处理好中西关系，立足中国、借鉴国外，对世界上的法治文明成果，要兼收并蓄，也要加以甄别，有选择地吸收和转化，不能囫囵吞枣、照搬照抄。同时要处理好古今关系，要传承中华法系的精华，也要去其糟粕，挖掘历史、把握当代。

（二）注重强化理论研究对法治实践的支撑功能

开展法学基础理论研究，加快建设中国特色社会主义法治话语体系，是社会主义法治文化建设的重大战略任务，是全面建设社会主义法治国家的现实需求。要充分发挥法学研究对推进法治建设的基础性作用。通过加强法学理论研究，进一步完善中国特色社会主义法律体系，深入开展社会治理和创新法律问题研究，结合我国法治实践，力争形成在理论上有创新、对实践有指导的研究成果。这是时代赋予法学院校和广大法学工作者的光荣使命。

（三）探寻法学学科建设与马克思主义理论发展的同频共振

哲学社会科学学科中绝大部分具有鲜明的意识形态属性，法学亦是如此。法学学科蕴含着丰富的道德思想和人类普遍遵循的道德规范，能够帮助学生形成明辨是非、善恶、美丑的能力，形成公平正义、诚信守法的正确价值观，还能够激发大学生追求高尚的道德情操和精神境界，全方位地提高大学生的思想道德素养，这与马克思主义理论的价值观不谋而合。法学课程不应该是"独角戏"，而是应该深入发掘课程中的思想政治理论教育资源，融入课程思政教育理念，实现与马克思主义理论的同频共振。

三、遵循"八个相统一"

为推动思政课改革创新，习近平总书记提出要深刻把握"八个相统一"，也就是"坚持政治性和学理性相统一，坚持价值性和知识性相统一，坚持建设性和批判性相统一，坚持理论性和实践性相统一，坚持统一性和多样性相统一，坚持主导性和主体性相统一，坚持灌输性和启发性相统一，坚持显性教育和隐性教育相统一[①]"。这是对思政课建设长期以来形成的科学规律的全面概括，也是进一步推动思想政治教育工作改革创新的指导性原则。

围绕人才培养这个核心点，高校最根本的任务就是要完成好、履行好立德树人的职责，培养德智体美劳全面发展的社会主义建设者和接班人。立德树人就是要坚持以人为本、德育为先，要坚持不懈地培育和弘扬社会主义核心价值观，引导广大师生做社会主义核心价值观的坚定信仰者、积极传播者、模范践行者，引导学生扣好人生的第一粒扣子。

具体到法治人才的培养，要培养德法兼修、明法笃行的高素质法治人才，切实服务于中国特色社会主义法治体系和中国特色社会主义法治国家的建设。为此，法治人才的培养不仅要在思政课建设上下功夫，更要在课程思政、专业思政上下功夫，使思政课与专业课同向而行。要建立起法学专业教师一课双责的模式，鼓励法学专业教师参与思想政治理论课教学，坚定践行立德树人的教学理念，将社会主义核心价值观贯穿在日常课堂教学与学生指导之中。

法学专业的人才培养需要以"八个相统一"为遵循，紧密围绕法学专业的育人特色，深入推进思政课改革创新，建立起法治人才培养的大思政教育格局。坚持理论性和实践性相统一，重视思想政治教育的实践性，把思想政治教育小课堂与社会大课堂相结合，积极开展法治公益服务活动，引导法学专业学生在使用法律知识服务社会的过程之中树立正确的世界观、人生观、价值观；坚持显性教育和隐性教育相统一，强化学生的个人道德、公民道德、职业道德和政治道德教育，

① 天津教育编辑部.用新时代中国特色社会主义思想铸魂育人 贯彻党的教育方针落实立德树人根本任务[J].天津教育，2019（13）：1.

培养学生的社会责任感、使命感；坚持政治性和学理性相统一，思政课要以理服人，通过法治公益服务与法律职业伦理学习，融合道德养成于专业实习实践之中，在专业实习实践之中感受法律的公平与正义；坚持价值性和知识性相统一，要在知识传授的过程之中同时做到社会主义核心价值观的引领，在专业学习的过程之中，通过充满正能量的鲜活司法案例鼓舞和激励学生。

第四节　复合型法治人才培养探究

一、复合型法治人才的定义

复合型人才，又称"T型人才""多功能型人才"，一般是指知识复合、能力复合、思维复合等多方面复合型人才，其特点是多才多艺，能够在很多领域大显身手。当今社会的重大特征是学科交叉、知识融合、技术集成。这一特征决定每个人都要提高自身的综合素质，既要拓展知识面又要不断调整心态，变革自己的思维，成为"复合型人才"。

复合型法治人才是指具备法学专业和其他专业多学科知识和能力的人才。首先，在知识结构上应是法学和其他社会科学或自然科学的结合；其次，体现在对其他社会科学或自然科学的融会贯通；最后，体现在理论和实践的有机结合上。

复合型法治人才在德法兼修的基础上，可以和社会科学或自然科学进行深度交叉和融合。法学和政治学、哲学、历史学、社会学、经济学、心理学、新闻学等结合，产生法政治学、法哲学、法史学、法社会学、法经济学、法心理学、新闻法学等新的社会科学交叉学科。法学也可与自然科学或工程技术结合，产生诸如知识产权法学、人工智能法学、工程技术法学等理法交叉、工法交叉的新学科。法学和外语、经济、贸易的结合，则是国家正大力推行的涉外法治人才培养的主要内容。复合型法治人才具有法学与其他学科交叉复合的专业知识、专业能力和跨学科思维能力。无论是文科内部交叉，还是文理交叉、文工交叉，复合型法律人才打破了不同学科之间的学科壁垒，实现了法学和其他学科的深度融合。复合型法律人才的交叉和跨界的知识优势、能力优势和思维优势是新文科建设和卓越法治人才培养的重要目标，也是社会急需的紧缺人才。

二、复合型法治人才培养的现实意义

（一）"互联网＋"时代下的现实要求

互联网作为 20 世纪最伟大的发明之一，深刻地变革了人类的生产生活、学习方式以及思维方式。尤其是近年来，伴随着"互联网＋"向各行各业的全面渗透，依托人工智能、大数据、云计算等"泛互联网"技术的不断发展和应用，互联网与传统法学逐渐实现深度融合，推动法学由传统的纯文科向多学科交叉的"新文科"转变，并将司法领域带入了"智慧司法"的新时代，由此促进了整个法学行业的"革新"。人工智能、大数据等"泛互联网"技术对法律行业（尤其是司法实务领域）颠覆式的冲击带来了"机械司法""数据鸿沟"等新挑战，也催生了互联网时代对于法治人才的新要求——互联网时代的法治人才应当是兼具专业化、多元化、国际化的复合型法治人才，这一类型的法治人才除了需要构建完整的法学知识体系与培养处理实务的专业性能力外，同时需要具备跨学科的、多元化的知识体系与能力，尤其是要了解人工智能、大数据等方兴未艾的前沿学科。

一直以来，法学院校中的传统教学模式及评价模式更注重培养具备扎实法学专业知识和技能的"法学工匠"式的人才，而忽视了对于其他学科知识体系与能力的训练与掌握。与此相悖的是，随着社会的日益发展，法科学生在毕业后遇到的问题也日益复杂，难以凭借单一的法学知识去解决这些问题。即使是以培养研究型人才为目的学术研究型大学，高质量的法治人才也应该具备多学科的知识体系，如人工智能如何影响案件判决、基于云算法与大数据下而建立的智慧法院系统以何种方式运作以及掌握互联网检索的基本方法与技能等。

现实已然表明，大部分法学院校培养的法科学生毕业以后掌握的学科知识与专业能力并无显著区别，无法在就业市场上赢得优势。在培养法学专业人才的过程中，以法学学科知识能力为主、复合多学科知识体系，是提供差异化人才、提高学生在人才市场竞争力的一种有效方法。并且从未来的发展和人才需求来看，社会对人才的要求是多层次、多类型、多样化的，"互联网＋"时代下复合型法治人才更能适应迅速变化的社会发展，更能适应日益复杂的市场需要。

（二）推进新兴交叉学科持续发展的外在动力

要加快发展具有重要现实意义的新兴学科和交叉学科，使这些学科研究成为我国哲学社会科学的重要突破点。新文科背景下高等院校法学专业未来发展方向呈现出交叉融合趋势。新兴交叉学科的持续发展离不开学科建设与人才培养两个方面，复合型法治人才的培养是推进新兴交叉学科的持续发展的内生需要。要推动培养一批自身特色的法治人才队伍，使其在具备法学专业知识的同时，兼具跨学科的、多元化的知识体系与能力。

人才培养是一项基础性工程，人才质量好坏直接关系到新兴学科能否持久生存。只有培养出具有跨学科知识结构和能力素养的复合型法治人才，加快以学科交叉融合为基础的知识、技术集成与转化，加快创新力量和资源整合与重组，才能持续不断地为交叉学科与法学学科建设输送新鲜血液，为推动和引领交叉学科与法学学科可持续发展提供人才保障。

（三）建立健全社会治理系统工程的重要保障

当前，我国改革开放事业正步入"深水区"，多元利益主体和多元利益格局正在形成并不断调整，各种深层次的社会矛盾日益凸显，经济社会发展的需要与社会综合治理体系的完善均需依托于法治建设的进一步推进，而复合型法治人才对于推进法治中国的建设是不可或缺的。复合型法治人才的短缺已成为制约我国法治事业进一步发展的瓶颈。

高等院校作为法治人才培养的第一站，互联网时代和社会治理系统工程对于复合型法治人才的客观需求必然首先影响到高等院校对于法学专业学生的培养模式，培养模式改变成功与否直接影响到法治人才的培养质量。而高等院校所培养出的具有复合型知识体系与结构、对于社会治理能力提升有显著帮助的法治人才能为社会治理系统工程的建立健全提供重要保障。

三、复合型法治人才培养存在的问题

（一）师资团队难以胜任"互联网＋"和人工智能技术的教学

法学是传统的社会科学，具有天然的滞后性。2015 年"互联网＋"作为一个新兴概念由最初应用于商业领域迅速扩大至各行各业，并逐步发展壮大起来。法学界对"互联网+"的关注度直至2017年最高人民法院开始在全国范围内加速推动建设智慧法院时才逐渐提高起来。在这之前我国高等院校的法学师资团队大多数出身于专门政法院校，接受的是传统法学教育，对于传统法学专业所要求掌握的法学理论有着系统的掌握与理解，但法学院的教师们自身对于其他学科尤其是理工科前沿理论的关注较少，能够熟练掌握计算机、人工智能等理工学科知识与技能的人才更是稀缺，学科与学科之间的壁垒十分明显。

受到法律人相对偏保守的思维模式的影响，大多数法学院校的领导团队与教师较为缺乏互联网时代所需的创新思维方式，其对于"互联网+"时代所倡导的"跨界融合发展"并不十分认同，不愿接受多年以来保持稳定不变的法学行业教育生态因为"掺杂"进理工学科的影响而被打乱、重建。小部分有意愿尝试借助"互联网+"进行法学与理工学科交叉教育的教师又限于大环境与自身能力的不足而止步不前。整个法学行业对于"互联网+"与多学科交叉培养模式思想上的不认同以及能力上的不具备使得大部分法学院校的师资团队难以胜任新时代下"互联网+"和人工智能技术的教学，进一步造成了法学院校人才培养与法学行业发展需求脱节的困境。

（二）难以满足"互联网+"和人工智能技术渗透于司法的要求

法学学科是一门独立的学科，但绝不是一门"孤立"的学科。随着信息技术快速发展，大量的业务数据不断地迁移到网络环境中，众多司法单位日益依赖于信息技术来支撑业务的运行，"互联网+"和人工智能技术对于司法领域渗透的不断加深，要求法治人才能够熟练地掌握并运用一整套的"智慧司法"系统。但受限于在校期间的培养模式，大多数法科学生在校期间往往仅着眼于法学学科领域内理论知识的掌握，既缺失相关的领域——企业、公司、银行、税务、海关等实践经验，又缺乏学习人工智能技术、大数据等理工科知识、提高自身综合竞争力的主动性与途径，小部分本科出身理工科的法学专业研究生具备这种多学科的知识体系却又找不到实践机会。培养模式的单一使得法学毕业生并不能完全满足社会所需要的专业知识条件，不具备多元化能力与知识结构，无论是在处理涉及电子证据等现代化特征明显的司法案例时，还是在面对大数据、算法规则事前评估机制等先进技术与审判执行工作结合时，都显得无所适从，既不能完全依靠传统法学知识解决纠纷，又不能站在技术角度深刻分析，最终的结果必然是难以满足时代对法律人所提出的新要求。

四、复合型法治人才培养存在问题的原因分析

（一）复合型人才培养理念尚未全面落实

信息快速更新和信息量剧增，以及信息的高度综合性是现代科技发展的两大特征。随着时代的进步，这两大特征日益显现，同时也逐渐淡化了法学与其他学科之间的学科壁垒，法律人在进入社会后接触律师、法官等工作岗位时，专业知识储备是必要的，除此以外，对其他专业学科知识的掌握也已成为赢得竞争主动权的重要条件。近些年来，智慧司法、智慧法院、互联网法院、线上法庭等新兴概念与试点工作层出不穷，这一系列新概念与新系统的出现不仅创造性地改变了传统的诉讼模式，也极大地冲击了此前固守传统培养模式的法学院校，并促使他们开始改变培养理念，陆续采取了一些行动。例如，通过与校内计算机科学与技术学科等理工学科联合培养、互通师资等方式来实现对学生复合型能力培养，并取得了一定的成效。

众所皆知，传统具有巨大的惯性。受传统"官本位"思想和教育理念的影响，大部分高等院校在长达几十年的发展过程中长期遵循着一套庞大的、稳定的、复杂的管理体制与运行机制，一些高校管理人员与教师思想落后，"怕改革、不改革、抵制改革"，教育部门亦缺乏破旧立新的魄力。

近年来这一机制在外界的压力下开始改变自身传统的运行模式，但是这一改变是缓慢的，原因在于改革绝非仅仅是创造一套新的系统这么简单，更重要的在于怎样克服传统的巨大惯性，协调传统与新的系统之间的利益与冲突，从而让整个机制在不发生剧烈变动的情况下使新的理念在组成系统的各机制中被接受与推行。目前来看，一些综合实力比较强的法学院校已经开始陆续接受并落实复合型人才培养理念，但是由于国内各法学院校之间综合实力、教育理念、培养方案等多因素差异的影响，复合型人才培养理念在各院校之间的落实情况呈现出一种不平衡的状态。

（二）法科学生纯文科背景所致

过去法学专业主要视为文科专业组织招生，虽然也有部分理科生报考法学院，但总体来看法学院的学生当中仍然是文科生为主。进入大学以后，法科学生又基本上都是在纯文科背景下接受的高等教育，但高等院校的纯文科培养模式（尤其是本科生教育）存在着许多的弊端。首先是教学内容单一化，学习内容局限于法学学科本专业，且教学内容重视表层知识，轻视对于理论的深度学习与探索，缺乏对于其他学科尤其是理工学科知识技能的了解与掌握；其次是教学方法机械化，在形式上存在老师机械灌输理论知识，学生不假思索被动接受的严重弊端。而且文科尤其是法学学科是理论性比较强的学科，不像理科还有公式和实验，需要动手操作和实践。

文科注重理论知识的掌握，所以教学者基本上只要求学生学习和背诵书本上的知识，很少利用讨论、自主学习、发现学习等方法，只是讲解和教授理论知识，学生记下笔记。在这个过程中教师是教学的中心，而学生只是被动地参与教学活动。尤其是专门的政法院校，往往以法学学科为核心，理工、经管等学科边缘化趋势明显，与核心专业缺乏交叉与互动，很难与学校强势专业与特色相结合，开展复合型法治人才的培养。这样的培养模式使得培养出来的法科学生连掌握本专业真正所需要的知识与技能都很勉强，更不用说培养出既精通法学知识理论与技能，又掌握人工智能、大数据等理工学科的专业知识与技能的复合型人才。

法学专业的学生毕业后缺失社会所需的综合竞争力，就业率年年"红牌"，以天津工业大学为例，其2020年应届毕业生就业质量报告显示法学专业学生就业率仅35.71%，位居倒数第一位，这种情况的出现不能说与法学学生的纯文科教育背景无关。

（三）师资团队纯法学背景难以胜任复合型人才教学

在法治人才的培养过程中，教师的作用是引领法学学科的学生掌握理论知识、训练逻辑思维，是学生通往法学殿堂的引路人。要真正培养出符合"互联网+"时代下所要求的复合型法治人才，首先要求高等院校拥有一批系统地接受过法学与其他学科交叉教育的师资团队。

实际情况是法学院的教师们大多毕业于专门的法学院校，从本科到硕士、博士阶段均是专门研究法学学科上的某个具体领域，其自身在成长过程中就缺乏对于人工智能、计算机等理工学科的了解与掌握，自然也无法完成"互联网＋"背景下培养复合型法治人才的教学任务。一些年轻教师思维上较为开阔，接受能力也较强，有尝试去自学或是通过接受理工学科系统教育的方式去提高自身的教学能力，但限于纯文科教育背景导致其从头开始学习人工智能等理工科知识需要耗费巨大的时间与精力，而其本专业工作上的要求又比较繁重，往往容易顾此失彼，不是在忙于学习其他学科时影响到教学、论文发表、职称评比、基金申报等，就是在忙于本职工作时无暇于学习其他学科。而且，由于一些院校受传统的教育理念、行政管理模式落后等因素的影响也不一定会支持教师分心去学习人工智能、大数据、云计算等看起来与法学无关的学科。这些都导致了教师们的知识系统限于法学专业中，也只能传授法学知识，难以胜任复合型人才教学工作。

五、复合型法治人才培养改革路径

（一）落实复合型人才培养理念

要打破传统的法学教育模式，首先要全面落实复合型人才培养理念。

1.转变思维模式

转变思维模式的目标就是要高等院校的管理者与教师们意识到，学生才是学校的主人，学校应当尽力为学生提供符合其发展需要的高等教育服务。什么样的思维模式就会导致什么样的培养方案，相对而言，法学院校传统的思维模式是偏保守的，在设置培养方案时也是按照传统的法学核心课程为主的体系打造的，这种培养方案一定程度上是有利于学生更好地系统掌握本专业知识理论、锻炼逻辑思维，但问题在于传统的法学培养模式所培养出来的法科学生已然不再适应社会发展的需要。

要改变这种情况，培养复合型人才，学校应当将转变思维模式为第一要务，真正从复合型人才的教育理念出发，引导学生从"单一"到"复合"、从"被动"到"主动"，在这个过程中充分发挥自己的主观能动性，挖掘自己的潜力，满腔热情地投入法学学科与其他理工学科的交叉学习当中去，主动汲取多学科的营养，提升自身的综合竞争力，形成一种充满生机与活力的新局面。

2. 提高法学院校的主体性

总的来说，法学院校的主体性是全面落实复合型人才培养理念的基础和前提，一所对于自身没有足够控制能力的法学院校是不可能有效地落实复合型人才培养理念，为学生提供富有主体性的教学与管理的。只有法学院校真正做到了"面向社会需要，依法自主办学"，才有可能摆脱目前普遍存在着的种种非大学因素的影响和制约，真正确立自己的发展思路和前进方向，在教学培养的过程中彻底贯彻落实复合型法治人才培养理念。

只有在法学院校办学自主性得到落实的情况下，学校的教育、教学和管理才会更贴近社会发展对于复合型法治人才的需要，才会更多地考虑作为学校主体的学生需要，大学也才有可能不受种种条条框框的束缚而为学生自我发展、自我教育营造更多更好的条件和氛围。

3. 构建复合专业的自主选择机制

复合型法治人才是以法学为主、复合掌握其他学科或专业的人才。这种复合型法治人才的培养不仅要求法科学生除掌握法学的基本知识、基本理论和基本思维方式之外，还需要具有一定的法律实践能力并恪守法律职业伦理，以及掌握一至两门其他学科的专业知识或技能。可供学习的学科知识与理论是无限的，但学生的精力与时间是有限的，为了保证法治人才的培养质量，复合的科目不宜太多，但要尽量使学生对所复合的科目或专业知识有深入的了解。

这就需要精心谋划所需复合的科目，既要使学生成为法学专业的通才，又能使他们成为某一专业的专才。在学生与学校之间要建立起一种自主选择机制，既要在选择计算机、人工智能、金融等复合专业时充分尊重学生的自主选择，也要充分创造条件，通过多种途径，让学生了解哪些专业的复合在社会上比较受欢迎、他们所选择的复合专业与本身学科结合之间的优劣势等重要信息。这种自主选择的机会能够让学生在接受多学科的复合型教育时形成交叉学科创新意识，满足社会不同的需求，同时学生对于自身将来的规划与路线也会更加的清晰，并通过这种积极效果反过来推动复合型人才培养理念的落实。

（二）进一步打破法科学生纯文科背景之局面

复合型人才的培养离不开学科交叉，要突破法科学生在复合型人才培养过程中纯文科背景所带来的种种问题，必然要立足于新文科建设的大背景之下。

1.改变本科与研究生培养阶段的生源结构比例

长久以来，法学专业被视为纯文科专业，在本科招生时来源于文科的学生在法学专业的数量占比远超过理科，在研究生培养阶段学术硕士与法律（法学）硕士占法学研究生数量的大头，我国当前法学硕士中的绝大部分的本科专业都是具有法学的背景，明显缺乏其他学科的知识支撑或者相应的学习环境，其从高中到研究生的教育背景都是纯文科性质。纯文科背景所带来的弊端上文已有分析，要适应新文科建设的需要，在既保留法学专业特色与优势，又满足打破学科与学科之间的壁垒、提高法学教学质量的双重要求下，改变法学学科本科与研究生生源的来源结构比例是题中之义。

就本科生生源而言，随着近些年高考改革的推进，现在大部分省份高中阶段都不再是单纯地将学生分为文理科，而是采取更加灵活的选择模式，如浙江省实行的"7选3"模式，上海、天津、北京、山东、海南等实行的"3+3"模式，以及河北、江苏、福建、辽宁、重庆、湖北、湖南、广东等实行的"3+1+2"模式等。无论是上述哪种模式，学生都可以自由地选择自己所想要学习的科目，这在一定程度上打破了文理科之间的界限，有利于学生综合发展，这一改革方案也为改变生源结构带来方便。为了使学生能够更好地适应进入大学阶段后多学科交叉的培养方案，在高考招生时就应提前部署，如报考法学院校，在高考的科目选择上应当至少有一门理科科目，尤其是物理，法学教育教学的大改观与人工智能、大数据、云计算、区块链、人脸识别系统等技术密切相关，而这些技术的发展都以物理学科为立足点，掌握基本的物理学知识点与形成理性的思维模式至关重要；对于研究生生源，应当进一步扩大法律（非法学）的招生数量，必要的情况下可以采取扩大对于法律（非法学）的研究生的录取数量等方式，这类研究生在本科学习的是其他学科，其在准备法学研究生的入学考试时又学习了基本的法学知识与理论，进入研究生培养阶段后能够更好地突破传统的学科框架，实现法学与其他学科的交叉融合。

2.明确人才培养目标

人才培养目标是人才培养的前提与重点，直接关系到人才培养的类型、规格与层次。就培养类型来看，"互联网＋"时代下的复合型法治人才类型应当包括学术型与专业型。两者都是能够熟练掌握法学专业知识与一两门其他学科知识的法治人才，但应在培养目标、规格与层次上有所区别。对于学术型复合法治人才，在培养目标上应当是学术研究与教育教学，为新文科背景下的法学专业推陈出新、升级换代提供理论支持，为复合型法治人才队伍培养储备强大师资力量；在培养规格上，建议层次高、实力强的综合性高等院校可以确立高标准、高水平、高质量的人才培养规格，并可根据自身特色与实力探索制订个性化培养标准与培养方案；在培养层次上，学术型复合法治人才应当建立本硕博各层次的培养方案，并以硕士研究生与博士研究生阶段为主。

对于专业型复合型法治人才，应当以提高实务能力为目标，在毕业以后进入社会工作时有能力解决传统法学所不能解决和应对的问题；在培养规格上，相对于学术型复合法治人才的"高、精、尖"，专业型复合法治人才应当尽可能地在有能力进行复合培养教育的高校范围内展开培养，以提供充足的实务人才解决现实问题；在培养层次上，应当以本科与硕士研究生阶段教育为主，同时也保留实务性法治人才继续深造的途径。此外，由于人才培养方案是对人才培养目标的直接体现与贯彻实施，是人才培养的直接依据与顶层设计，解决如何培养人才的问题。因此高校在制定复合型法治人才培养方案时应当组织校内外专家进行科学论证，不断在细节上予以完善。一旦科学、规范的人才培养方案制定以后，若无特殊情况，培养单位应当严格规范人才培养方案的管理与实施。

3. 打造跨学科课程体系

课程来自学科，学科通过课程影响专业。培养复合型法治人才要求其课程体系具有学科交叉性。然而法学学科与其他学科之间（尤其是理工科）有着很深的专业壁垒，无论是综合性大学还是政法类院校法学院与其他学院之间关联度都比较低，很少在校内资源有效整合的基础上跨院系进行学生培养。随着新文科的推进，跨学科培养、多学科交叉已成各高等院校未来发展的大方向，交叉融合成为高校法学课程改革的方向之一。"互联网＋"时代，多学科知识相互融合，大量热点问题无法依靠单一学科解决，法学院校应抓住机会，积极推进院系封闭向开放的转变，促进各学院教师之间、学生之间的交流，并积极搭建院系与公检法、律所等国家机关与企事业单位的交流，以此打破院系之间、校企之间的界限并充分利用社会资源，吸引大学内外的各利益主体积极参与培养过程，开展各方高度协同的复合型法治人才培养工作。最终形成以法学学科为主，其他复合性学科为辅助，建立健全具有中国特色的"法学＋"课程教学体系，打造法学与工学、法学与理学、法学与医学、法学与其他文科等交叉融合的跨学科课程体系，实现法学教学与多学科教学协同创新。

（三）加大教师培养力度

无论是新文科背景下法学学科的升级换代，还是"互联网＋"时代下复合型法治人才的培养，高校教师都在其中起着不可忽视的作用。教师的能力与水平直接影响到复合型法治人才的培养质量，因此，需要加大教师培养力度，优化师资队伍结构。复合型法治人才师资队伍的来源途径主要有两种，分别为内部培养与外部招聘。第一种途径有利于高等院校培养出属于自己的师资队伍，为未来复合型法治人才师资队伍的建设奠定基础，但缺点在于所需要花费的培养时间过长，短期内见不到效果，无法缓解目前师资队伍缺乏的困境；第二种途径可以通过政策、资金等资源上的堆积开展人才引进政策，短时间引进一大批能够胜任复合型法治人才教学的师资，但这种途径也存在受限于院校实力、地区位置等因素的限制，不适用于所有的院校。法学院校可根据自身的综合实力、师资队伍组成结构等因素灵活采取两种途径来优化师资队伍结构。一方面，培养单位要有意识地加强复合型法治人才师资队伍建设，通过院系培训、交流访学等多种形式，在复合型人才培养目标下优化教师队伍学科背景结构、学历结构、年龄结构。同时，指导教师个人也应及时跟踪法学学科发展前沿，研究真问题，以问题为导向，尽快找到跨学科研究的创新点，积极开展跨学科科研与教学活动，实现教师在学科知识结构、科研能力等方面的复合。

第四章　法治人才培养实践探索

本章为法治人才培养实践探索，主要包括四个方面的内容，分别为多元协同法治人才培养方式、法治人才培养模式创新研究、法治人才培养的课程体系、法治人才培养评价机制和保障体系。

第一节　多元协同法治人才培养方式

一、多元协同法治人才培养的目标确定

（一）新时代社会主义法治人才的培养

1. 德行为首

法学教育要坚持立德树人，不仅要提高学生的法学知识水平，而且要培养学生的思想道德素养。坚持把思想政治建设放在法治人才培养的首位，建设一支忠于党、忠于国家、忠于人民、忠于法律的法治人才队伍，这对于法治人才培养具有重要意义。在法治人才培养过程中，要立足于中国的具体国情，建设具有中国特色的人才队伍，归纳总结人才培养经验，全面贯彻落实党的指导方针，坚持以德育人、立德树人导向，把社会主义核心价值观融入教育教学全过程，做到内化于心、外化于行，切实增强道路自信、理论自信、制度自信。

在培养中国特色法治人才的道路上，要注重对中华传统法律文化的研究，从传统法律文化中探寻新的时代精神，而且要向世界各国学习，学习借鉴其优秀的法治人才培养方式，将中国特色与外国经验有机结合，发展出具有中国特色的法治人才培养道路。中国是具有深远法律历史的国家，依法治国必须立足于优秀的中华传统文化，去粗取精，将传统法治文化之精华融入新时代有中国特色的社会主义法治人才的思想深处。

2. 专业为本

优秀的法治人才要求具有坚实的专业基础知识，以便在日后的执业过程中能够从容应对各种专业问题，这就要求在大学时期认真学习各种专业知识，不仅包括法律条文，更重要的是养成良好的法律思维方式。

3. 实践为要

中国法学教育为了符合经济社会发展的需要，与法治国家建设相适应，应当明确培养目标是培养实务型法律人才，为了实现这个人才培养的目标，需要对法学实践教学课程进行科学的设置，不断拓宽法学实践教学的途径和方法，对于教学形式要不断丰富，使得在培养实务型法律人才时法学实践教学可以发挥举足轻重的作用。

4. 行业为纲

培养法治人才的重要方向的依据之一是社会需要，法治人才的培养要以行业为纲，同时，法治人才的培养还需要结合当前社会的发展情况，使得法治人才在毕业后无论从事何种行业都能够运用已经掌握的法学知识解决相关的法律问题。

（二）高校结合自身特色选准目标定位

中国社会的迅速发展，对于法学人才的需求量也迅速上升，在推动法律人才市场走向繁荣的同时，也反映出法治人才培养过程中的弊端。许多高校在法治人才培养过程中，培养目标抽象、雷同，含糊不清，难以实现有效分类培养。培养模式千篇一律，过于单一，没有很好地结合学校自身情况和市场需求，培育自己的特色专业，提升自身的影响力，导致毕业生竞争优势不足。

中国目前的法律人才市场存在三个方面的供需失衡。一是两极分化严重，低端法律人才市场近乎饱和，而高端法律人才市场需求量远高于供给量，高端法律人才严重短缺。二是单一型法律人才供过于求，能够满足不同行业需求的复合型行业法律人才供不应求。三是一线城市以及东南沿海等发达城市法律人才市场竞争激烈，而西部地区及边疆等欠发达地区法律人才全面短缺，甚至不能满足社会法治建设的基本需要。同时，我国的高等法学院校一方面数量众多，另一方面综合实力参差不齐，不同院校之间差别巨大。当众多法学院校基于同样的定位、相似的目标，培养千篇一律的法律人才时，必然会进一步加重人才需求端和人才供给端的矛盾。要解决上述矛盾，必须实现法治人才的分层分类培养。就高校而言，首要应当结合自身的层次属性、学科优势、地域特点以及行业特色等特点，找准自身的定位，并在此基础上选择一两个最能体现自身优势或者最能满足社会某一方面需求的重点培养方向，有针对性地确定本校的法治人才培养目标。

1.根据综合实力找准层次定位

我国的高校，按照出资人可以分为公立高校和民办高校；按照管理者层级可以分为中央部属院校、省属院校和市属院校；按照办学层次可以分为本科院校和高职（高专）院校；按照办学侧重点可以分为研究型大学、研究教学型大学、教学研究型大学、教学型大学、应用型大学和高等专科学校。从现实情况来看，几乎所有类型的高校都开设了法学院或者法律系。但是，无论是从学校的软硬件资源，还是科研实力和教学水平来看，上述不同类型的高校都有着天壤之别。因此，不同高校应当根据自身的层次定位选择适合自己的法治人才培养目标。

2.根据区域特点明确地域定位

地域矛盾是法治人才结构性过剩的另一个体现。一方面我国地域辽阔，另一方面我国存在着区域经济发展不平衡的现象和问题，这就导致这个矛盾体现和存在于社会生活的方方面面。对于法治人才的需求来说，一方面存在着发达地区人才竞争激烈，欠发达地区留不住法治人才的矛盾；另一方面还有特定区域相关的人才不能适应的问题。另外，详细来说，在我国很多的欠发达地区具有很鲜明的民族、区域法治特色，尤其在民族地区和边疆地区，脱离实际地域文化背景、区域法律观念、民族法治特色的法律观念和相关的法治行为是很难推进和实施的。因此，为了反映我国民族自治地方独特的经济、政治、文化、社会中的特殊矛盾，在我国的法律体系中有专门的民族自治地方自治条例和单行条例，这也就产生了对于相应的法律文化、法治文化、法治人才的特殊性的需求。正因为如此，按照标准模式统一培养出的毕业生很难适应当地的法治文化和法治需求。针对这样的情况，在传统的法治人才培养的重要地区，比如上海、北京、武汉等地需要进一步对人才的培养、传输、集散进行强化，并且在中西部地区鼓励有潜力、有资质的高校结合地区的特色和办学特点，按照地域的需求和文化的需要走特色化、差异化、内涵化的培养人才的道路。中西部地区的高校的侧重点在于小而精，不搞大而全的发展道路，需要重点培养涉外法律人才、法律职业人才、中西部基层法律人才，以此才能满足多层次、多类型、特色突出的培养格局。与此同时，在我国正在实施和推进"一带一路"倡议和京津冀协同发展、粤港澳大湾区、长江经济带等重大战略实施，这些战略和倡议都离不开法律和法治的保障。因而，不管是国家还是社会都需要大量的应用性、复合型、职业化的多层次、多方面的法治人才，这些人才一方面需要对国内的相关法律知识和技能进行准确掌握，满足法律治理的需要；另一方面还应该具备相应的国际法知识，对于国际法律的规则较为熟悉，对于相关的外语要熟悉和掌握，可以准确处理相应的涉外法律事务。在粤港澳大湾区建设中，更是急需通晓不同法域的法律规则，能够参与大湾区法律体系构建的高层次法治人才。

3.结合专业优势确定行业定位

以学科设置为标准，我国的高校可分为综合性大学和专业性大学。专业性大学主要包括理工类、师范类、农林类、政法类、医药类、财经类、民族类、语言类、艺术类、体育类、军事类、旅游类院校。专业性大学往往直接对应某种行业，甚至是某种职业，因此，其学科建设和人才培养必然以满足特定行业的需求为核心和重点。基本上每种类型的专业院校中都有设置法学院或者开设法律相关专业，对这类院校而言，结合自身行业定位，培养适应该行业需要的法治人才则是正确的选择。实践中也有了不少颇具特色的尝试，不失为非法学名校、非综合性强校在人才培养竞争中突出重围的有效方式。

4.依托优势学科选择交叉学科定位

每所高校都有自己比较优势的学科，拥有相对丰富的资源、较为强大的师资力量和较为厚实的科研基础，这些都是培养人才必不可少的条件。即便这些优势学科并非法学，也可以充分利用，将法学教学和研究与优势学科相结合，走交叉学科之路，才更有利于行业法治人才培养目标的实现。

（三）国家规范指引高校法治人才培养定位

事实上，国家对于高校法学院建设一直高度重视，随着依法治国政策的不断施行，国家对于法律人才的需求量会不断加大，但数量的上升并不意味着质量的下降，国家要求保质保量地进行法治人才培养工作。国家长期以来颁布了一系列的政策来保障法治人才的培养，从2011年公布《教育部中央政法委员会关于实施卓越法律人才教育培养计划的若干意见》到2018年颁布的《教育部中央政法委关于坚持德法兼修实施卓越法治人才教育培养计划2.0的意见》，还包括"双千计划""普通高校法学本科专业教学质量国家标准"等，国家对于法律人才培养的要求逐渐细化，标准不断提高，卓越法治人才所需要掌握的知识范围也不断扩大。但是，要彻底改变目前法治人才培养方式单一、法治人才结构性失衡的状况，国家还应当站在管理者的角度加大对高校的规范，指引高校结合自身特色选择法治人才培养目标和定位。

二、多元协同法治人才培养的方案制定

（一）多元主体共建法治人才培养共同体

1. 法治人才培养的第一阵地——高校

高校是法治人才培养的第一阵地，法治人才培养的第一责任主体是高校，因此，高校肩负着服务全面依法治国方略的重要历史使命。在高校，法治人才的培养要坚持以我为主、突出特色、兼收并蓄，同时要坚持德法兼修、立德树人对于为谁教、教什么、教给谁、怎么教的重大问题进行深入研究和解决。与此同时，培养各类人才也应该遵循这个要求，要坚持育人为本、德育为先，培养中国特色社会主义事业的合格建设者和可靠接班人。教育系统应该成为尊法、学法、守法的重要典范和示范领域。各地高校要树立依法行政、依法治校的意识，要不断提高依法治校、依法行政的能力，通过法治的思维和方式不断加深教育领域的改革和进步。高校要保证有正确的法治理论的指引，不断构建中国特色的法学学科体系，要着力培养优秀法律人才，加强法学师资队伍建设，深化整体依法治国。

2. 法治人才培养共同体——法律实务部门

2018 年颁布的"卓越法治人才培养计划 2.0"提出了构建法治人才培养共同体这一概念，并将完善协同育人机制，打造中国特色法治人才培养共同体作为建立凸显时代特征、体现中国特色的法治人才培养体系的 5 年目标。以法院、检察院和司法行政机关为主体的法律实务部门在法治人才的培养过程中占据相当重要的地位，要实现高校与法律实务部门在法治人才培养方面的深度融合，很重要的一点是实务部门应当将自己对法治人才在知识、能力和素质的需求通过各种方式融入高校的法学教育之中。

因此，高校对法律人才培养的主体责任需要强化，并以中央政法委、教育

部批准的全国卓越法律人才教育培训基地为载体，同时搭建复合型、应用型涉外法律人才、法律职业人才、西部基层法律人才等培训的多个平台。要不断对其他各个主体力量进行整合，比如，对高校之外的法治实务部门、法治教育研究机构等培养责任进行明确，衔接好党校（行政学院）、各地方法学会、社科管理部门、律师协会等社会组织。同时法治人才培养还要积极引入政府部门、党委部门、检察院、法院、律师事务所和企业等实务部门参与其中，以此构建起多层次、立体化的法治人才师资保障机制与共建机制。要不断强化法治实务部门作为人才实习单位的培养责任，建立健全法学专业学生担任检察官助理、实习法官以及书记员的制度建设，并支持高校骨干法学教师和研究人员到政法机关挂职学习、研修，深入融入司法和执法的实践活动。

（二）高校主导

高校不仅是法治人才培养的第一阵地，而且是法治人才培养共同体的主体与核心。与此同时，高校是法治人才培养方案的主要制定者和实施者，主要对法治人才培养激发实施和推进，在协同培养法治人才中发挥基础性作用。

1. 打造复合型人才培养方案

首先，现在用人单位招聘法学人才时越来越强调其知识体系的多元化和复合型。其次，突破单纯法学科局限性本身也需要加强法学教育的复合性特点。最后，各个法学院系应充分利用本地区、本校优势资源强化复合型人才培养。

2. 根据行业需求调整人才培养计划

高校办学要根据社会发展情况，围绕社会对法治人才的需求来制定人才培养的方案，并且要从实际出发，灵活设置专业，使得课程设置、教学内容、实践训练都要围绕职业发展的需要。实践中，可以大胆探索和尝试校企联合培养的模式，根据高校的学科或者专业优势以及企业对人才的特定需求，由学校与企业共同制定法治人才培养目标和培养方案，设计符合企业需求的课程，特定课程还可改由企业管理人员和高校教师共同授课，学习结束后学生定点到该企业实习，达到预定标准的毕业生可以直接进入该企业工作。这种校企合作培养模式可被称为订单式培养，有助于使高校培养人才的目标更加明确、具体和有针对性，并且可以在更大程度上促进就业率的提升。订单式人才培养模式还可以从高校与企业的合作扩大到高校与行业协会的合作，这样能满足更大用人需求，也能更多地解决毕业生就业问题。

3. 法学教育与相关教育的融合

（1）法学与交叉学科的融合

法学是一门人文社会科学，不仅具有人文性还具有社会性的特征，这就决定了法学与其他学科的相互联系与交融。法学与哲学、政治学、管理学、金融学、社会学、经济学、财政学等学科有着不同程度的联系和交叉。在经济和科技不断发展的如今，法学还与传统的理工类学科，如计算机、网络技术、工程等产生了紧密的联系。法学教育的发展需要关注其他学科的发展，并且吸收和借鉴其他学科的优秀研究成果，只有这样才能使得法学生的知识体系更加完备和丰富，适应现代社会对于法治人才的需求。

（2）法学知识教育与法律职业伦理的融合

法律职业知识技能和法律职业伦理共同构成完整的法律职业素养，法律人对法律发自内心地信仰才是法律精神的内核。开展法学教育要注重法律职业伦理教育，如果缺乏职业道德和职业伦理，法律知识越丰富、法律技能越娴熟，反倒可能为法治建设造成更大的破坏与阻碍。法治人才需德才兼备，并且要以德为先，只有具备良好的职业伦理素质，才能更好地发挥自身法学才识作用，为国家、社会和公民提供优质的法律服务。

（3）法学理论教育与法律职业技能教育的融合

职业化并不意味着忽视法学理论，只重视法律技能和实务，职业化是多元的法学教育。一方面，既要有着眼于培养高学历学术型法治人才的研究型法学院校，也要有着眼于培养法律实务人才的应用型法学院校，这样才能满足多种法律职业的需要。另一方面，研究型法学院校培养的理论功底深厚、学术素养高的人才，也可以将此优势发挥到非学术性工作中，更有利于法律实务工作的开展。因此，就高等法学院校而言，首要应当按照自身的优势和特点选准职业化的定位，并在此基础上通过调整课程设计、丰富教学方式等实现法学理论教育与法律职业技能教育的平衡。

（三）实务部门主动参与

法学专业是一门实践性极强的学科，学生的培训目标是更好地为社会法治事业做出贡献。社会中的实务部门，例如，公检法、律师事务所等，都为法治人才的培养提供了许多实习的机会，更好地帮助学生把理论与实践结合起来，掌握更多的实践经验，为学生毕业后的职业发展提供了前提条件。

（四）政府保障和指引

法治人才培养是一项庞大的系统工程，需要政府、高校和社会共同参与。在法治人才的培养过程中，政府的核心作用在于统筹、协调、规划、指引，建立实务部门与高校之间合作工作的联动机制，协调各方之间的关系，高校可以向政府表达自己的需要，政府也要求高校进一步改进自己的人才培养计划，把国家的方针政策落到实处。

三、多元协同法治人才培养的师资队伍打造

（一）通过"双千计划"提升教师实务教学能力

首先，健全挂职单位对挂职教师的日常工作管理制度，包括日常考勤管理、工作量管理、工作流程管理等。凡是在实务部门挂职的教师，必须遵守实务部门的工作时间和考勤制度，按照挂职单位的工作制度和工作流程完成岗位对应的工作。由于经验相对不足，挂职教师的工作量可以适当少于挂职单位同岗位、同职级的工作人员，但是也应当要保持适当的比例。毕竟，实务工作能力的提升必须建立在一定工作量的基础上，没有人可以通过旁观或者浅尝辄止的尝试就可以成为实务经验丰富的人。对于法院、检察院这种专业性非常强的单位，审判工作和检察工作不仅有着严格的程序要求，而且每个案件都直接关系着当事人的权利义务，对案件经办人的专业水平有着较高的要求。因此，挂职单位可以通过充分发挥合议制度和集体讨论制度的功能来保证挂职教师承办案件的质量。当然，挂职教师对于自己在挂职期间承办的案件，同样应当受到责任终身制的约束。

其次，增设专项课题，对"双千计划"互聘人员实施科研激励。众所周知，科研是高校教师的重要工作。然而，从过往的情况来看，参加"双千计划"往往

会影响高校教师的科研工作。主要原因在于实务性课题绝大多数是由最高人民法院、最高人民检察院和司法部等部门进行招标，高校教师往往很难获得，而国家社科基金、省级社科基金以及教育部等部门往往很少有针对法学实务工作的课题。鉴于此，可以由中国法学会牵头，地方法学会共同参与，在课题门类中增加"双千计划"实施专项课题，仅限"双千计划"互聘人员申报，由互聘人员担任课题负责人，高校教师和实务工作者组成课题组，专门针对"双千计划"实施中的重点难点问题，围绕具体案件、着眼于促进案例教学进行深入研究。通过增设专项课题，一方面可以提升高校教师参与"双千计划"的积极性，另一方面也可以提升实务部门法律工作科研工作的理论水平。

（二）化解实务部门教师教职与本职的冲突

首先，要明确在高校挂职期间实务专家的工作衔接机制。在聘用期间，根据"双千计划"的制度设计，相互聘用人员主要由派出单位进行管理，与派出单位的人事行政关系不发生变化，对于派出的人员，派出单位要保留其原职务级别和岗位，工资福利待遇不发生改变，同时专业技术职务任职年限连续计算，工作量相互抵消。然而，在现实实践中，受聘于高校实务部门的转件还需要负责在原单位的本职工作，甚至没有减轻工作量。

究其原因，一方面在于实务部门工作压力也不小，常常"一个萝卜一个坑"，每个工作岗位都难以找到他人接替，另一方面在于高校的课堂教学不可能占满周一至周五的所有工作时间，这就容易让派出单位产生挂职教师还有大量空闲时间的错觉，进而认为派出到高校任教的工作人员可以二者兼顾。事实上，若要保证教学质量，必须要有足够的备课时间。通常情况下，备课时间应当数倍于上课时间。此外，下课后教师还需要批改学生的作业，回答学生的疑问和与学生交流，如果缺少这些内容，都将影响教学效果和质量。正因如此，"双千计划"在实施过程中应当增加一些具体的制度设计，规定实务部门专家在受聘于高校期间不得继续承担原单位的本职工作，或者应大幅降低对其本职工作量的考核要求，确保参加"双千计划"的实务部门专家可以将主要精力投放于教学工作中。

其次，在实施"双千计划"的过程中，也需要对教学管理的细节问题进行考虑，需要明确和出台相应的行为规范、操作指引，在教学过程中需要对实务专家的权利、义务、责任等进行明确，以保证实践课程的实施效果。具体而言，可以明确地包括一是实务专家作为主讲教师应承担的最低学时，二是实务专家应完成的教学计划的制订，三是鼓励实务专家参与具体教材的编制等。同时，尽管实务专家受聘高校期间以原单位管理为主，但是应当提高高校考核所占的权重，以高校对其教学工作的考核结果作为原单位对其进行年度评价的主要因素。

（三）破除教师和法律务实工作者身份转换的制度壁垒

首先，减少从应届毕业生中招录法官、检察的比例，大力推广从高校法学教师和律师中遴选法官、检察官的制度，放宽年龄限制，使更多具有多年法学研究经历的学者和具有多年诉讼实务经验的律师可以进入法官、检察官队伍，这样才能真正提高法官、检察官职位对资深学者和资深律师的吸引力。

其次，打破进入高校一成不变的学历要求，对有志于教书育人并且具备相应条件的资深法官、检察官或者律师、企业法务人员，可以适当降低学历门槛，吸纳其转型为教学为主型的教师。

最后，对于高校法学教师应该鼓励其兼职仲裁员、律师等，通过投身于法律实务的实践活动不断提高自身的教学水平、实务水平、实践能力，有助于将最真实、最前沿的法律动态和案例传输给学生，实现教学相长。实践证明，具有丰富实践经验的教师往往受到学生的欢迎。

（四）从"教师中心主义"向"学生中心主义"转变

教师的职责在于确定有价值的知识点，选择合适的案例，教会学生发现问题和思考问题的方法，引导启发学生对问题进行分析和思考，不断接近结果，在这个过程中可以引导学生展开讨论和探究，作为教师应该对一些观点进行分析，使学生不断开阔视野。真正以学生为中心的教学，教师不仅不会直接给出正确答案，甚至根本就不会设定标准答案，无论是最终的答案，还是得出答案的过程与方法，都是学生独立思考的结果。

（五）改进教学方式，调动教师和实务部门工作人员的积极性

2013年"双千计划"实施以来，许多法律实务工作者进入高校成为兼职教师，给法学的课程教学带来了新的改变，这些教师具有丰富的实务经验，能够把自己在实务过程中遇到的实际案例引入课堂教学，以一种通俗易懂的方式让学生参与到案例中来，同时教师也可以传授一些自己在执业过程中的心得体会以及职业道德伦理，有助于学生在未来的执业过程中树立良好的道德意识和法律观念。

当然，还可以充分调动教师的积极性，以保障教师可以更加积极地参与到法治人才的培养过程中来。首先，改进人事制度。我国目前的教师制度是由人事局统一管理，教师的档案和教师绑定在一起，一般情况下不会轻易变动。因此，在调动教师和实务部门工作者教学积极性中。要对教师管理体制进行完善，努力解决教师在授课期间的编制、收入、奖金福利、职务晋升等方面的问题，明确和完善教师的职务制度、管理制度，让老师可以安心进行工作。其次，加大资金投入。国家要改革教师激励机制，主要依据是提高学生学习成绩和教师贡献，使老师可以更好地安心工作，不断钻研，提高教学的水平，更好地为教学和学生服务。同时建议行政部门在切实保障参与"双千计划"的实务部门人员的薪金补贴和绩效工资能够保额保质落实之外，也可以实行诸如教师补贴制度等，合理补偿教师和实务部门工作人员在交流期间的利益损失。保障教师和法律实务部门的工作人员在高校授课时有政策和资金的支持。调动他们工作的积极性，从而能够更好地把自己的知识和经验传授给学生。

四、多元协同法治人才培养的教育资源创造

（一）信息共享

1. 高校与实务部门资源共享

高校与公检法等实务部门合作共同进行信息分享，其目的在于破除高校与社会之间的壁垒，让高校的法学毕业生可以很好地适应实务部门的实践需要，对于数字化的技术与平台进行利用，不断推广和实施优秀的案例教学、法律诊断、模拟法庭等教学的模式，同时实现与检察官、法官、律师的法律职业培训机构的资源共享，以此形成一整套的法学实践性的教学体系，实现培养综合性法律人才的目的。

2. 发达地区与欠发达地区资源共享

教育资源分配失衡是一个老生常谈的问题，国家也在一直努力缩小东西部地

区法学教育之间的差距，但是这种差距很难缩小。东西部地区之间经济发展水平的巨大差异使得大部分法律工作者宁愿在东部小县城工作，也不愿意在西部一线城市中工作，而且许多西部地区本地的法律职业工作者也会选择前往东部地区。就目前的法官现状而言，我国在发达地区和非发达地区，在东部地区和中西部地区的法官职业结构发展具有不平衡性，并且其不平衡性当前呈现出不断拉大的趋势。总体上来看，东部地区的法官素质水平相对于西部来说明显要高，在东部地区，具备法学硕士学位以上的法官在很多法院中高达20%以上，更高者可以达到50%以上，相对而言，西部地区的法官具备法学专科的法官所占比例都非常的小，长此以往的不平衡会导致中西部差距越来越大，并且很容易使得西部地区出现恶性循环的状态。国家和政府应当及时地调整政策，推动发达地区与欠发达地区教育资源的共享，才能缓解不同地区法治人才培养失衡的状况。

3. 资源共享之道

第一，政府在信息共享中发挥主导作用，通过捐赠、校企共建、设立基金、投资等形式对高校实践教学资源增加供给，进而使得不同的高校有不同的优势资源，这是共享的基础条件。

同时，发挥政府在宏观调控方面的作用，尽量减少政府对高校资源分配的干预，加快"去行政化"进程，赋予高校更多的办学自主权，政府的职能更加趋向于起到保障和兜底作用。

第二，对资金的投入要加大。从资金方面来看，当前高校现有的资源分享机制中并未建立经济的运作模式，与真正意义上的社会服务相比，通过有偿共享所得进行再投入的运作模式与之还有很大的差距，究其原因是没有充足的资金支持。政府在对高校进行资金投入时，首先需要参考是就是共享资源相关的数据，以此为依据，对一些资源利用效果好、资源利用率高的高校投入更多的经费，这样可以将实践教学资源共享内化为高校的内在自身需求，以此来激发高校对共享机制的参与热情。

第三，要强化组织保障。为了项目的顺利开展，可以成立资源整合领导小组，以此保障项目的师生，可以成立省级的资源整合领导小组，组长可以由主管信息化建设的校级领导来担当，对于高校的信息化建设可以由作为牵头部门的现代教育技术中心负责。小组的成员可以由学校主要部门的负责人以及实务单位的部门负责人组成，小组下设主要负责设计平台的整体架构及实施其他具体工作的项目工作组。通过这些方式，可以现优质教学资源的共享。

（二）平台共享

1.高校和实务部门共同完善模拟法庭

首先，将模拟法庭作为独立的法学课程进行设置，设置模拟法庭可以通过必修课或选修课的形式，使其成为一门实践性的、独立的教学课程，通过模拟法庭来培养法学学生毕业后成为法律职业者所应当具备的技能和素质，衔接起法学教育与法律职业。

其次，在师资要求方面。高校对于法学生培养的是全方位的、综合性能力，对此老师需要对学生进行系统化、立体化、全方位的指导，即对于一起案件，从案例选择、案情分析、推演法律逻辑、准备诉讼文书、演练诉讼程序到开庭审理、诉讼过程的完结，这整个过程都需要教师参与其中，对学生进行有针对性的指导。因此，为了满足这些要求，就需要在教师团队中包含各个专业的教师，比如诉讼法、证据法、实体法甚至法理学专业的教师，只有这样才能为法学生提供全方位的、针对性的指导，才能培养出综合能力强的法学生。

最后，学校要建立强有力的保障体系。对于模拟法庭是实践教学而言，要使其真正发挥其重要的价值和意义需要有力的保障体系支持。从制度保障方面来说，要不断完善相关的管理制度，同时对人才培养模式和培养方案进行制定，使其与模拟法庭的实践教学目标相吻合，还需要对教学计划以及大纲进行准确制定，对实践指导手册进行科学合理的编写，对考核办法进行规范。

2.破除壁垒将实务资源引入教学

高等法学院校、法院、检察院、政府法治部门及律师事务所都拥有丰富的法律资源，并且各有特色和侧重点。如果这些资源能够实现共享，必将大幅度提高资源利用效率。在当今这个大数据时代，完全可以建立业务文件资料的交换制度，借助互联网渠道，实现资料的交流与共享，包括法院、检察院内部的规范文件和指导案例；律师事务所的业务简报和年度报告；法学院校的刊物和内部资料等。让教师可以直观地了解到法律实务部门的工作情况，及时更新自己的观念，更好地参与到法治人才培养工作的落实中来。进一步扩大司法文件公开的范围，拓宽司法文件公开的途径和渠道，除了国家规定不得公开的案件资料之外，其余的案件可以及时向法学院校的教师进行公布，以便教师更及时地了解最新的法律动态。

第二节　法治人才培养模式创新研究

一、行业法治人才培养模式创新研究

早在 2011 年，《教育部中央政法委员会关于实施卓越法律人才教育培养计划的若干意见》就提出，法学教育应适应多样化法律职业要求。法学教育改革在全面依法治国的新时期的导向是：一是深化依法治国的实践；二是建设中国特色社会主义法治国家的实际需求。法学教育改革的主要目标是培养高素质行业法治人才，其培养模式离不开行业法律基础知识体系的形成、行业法律职业技能和法治思维训练三个方面。

第一，深厚的行业知识是高素质行业法治人才服务中国特色社会主义法治国家建设的基础和前提。这首先要求行业法治人才牢固掌握本行业所涉及的部门法的基本知识和基本理论，具备独立获取和更新行业法律相关知识的学习能力；对本行业中所涉及的法律实务基本技能可以灵活、全面地运用；形成法治思维并利用法治思维进行相关研究、开展创新创业实践的能力；对中国特色社会主义各行业的最新理论成果以及法学领域的最新进展进行及时准确的把握，不断提高法治人才服务于社会各个领域的应用能力。与此同时，注重对人才的文化底蕴以及相关的社科知识的培养，培养健全的人格，培养公民素质，提升终身学习、自律自制、团队协作的能力，进而不断提高法治人才的复合能力与综合素质。

第二，娴熟的行业法专业技能是高素质行业法治人才服务中国特色社会主义法治国家建设的重要保障。这内在要求行业法治人才应掌握行业专门技能和专门研究方法，具备良好的人文素养和科学素养。因此，首先，对行业法要加强实践教学和模拟实训。在行业法的理论教学课程中，要建立行业法的实践教学环节，对行业法的案例教学要进行加强，对于行业法理论教学的模拟培训以及法律方法培训环节要进行加强，不断丰富和深入挖掘行业法各专业课程的学术资源。其次，根据行业法所涉及部门法教学的实际需要，可以通过模拟法庭、专业实验室、法律诊所、校外实习基地、实训基地等开展行业实习与实训。最后，对于法治人才的实际需求，根据依法治国来组织各种形式的法治宣传教育活动，让学生对行业法在实际生活中的适用有所了解，培养学生的行业法的职业素养以及职业技能，更好地推进各行业的依法治理工作。

第三，行业法治人才应当加强法治思维的训练。法治思维对于指导行业法治人才的行为模式具有非常重要的意义。行业法治人才具有应用型、复合型的特点，因此，在培养行业法治人才的过程中不仅需要将行业法律知识的传授系统化、条理化、逻辑化，以便使行业法治人才打下扎实的知识框架；而且要求行业法治人才通过多参与行业化的仿真实训养成良好的职业技能，在这个过程中，法治思维的训练也非常重要。思维方式的养成并非朝夕可成，只有在长期的耳濡目染和法治实践中才能养成，这不仅需要教师在课堂中有意识地对学生进行训练，而且需要多鼓励学生积极参与社会实践，多将法治思维运用于具体事件和社会问题的分析解决之中，需要在法治实务的处理之中慢慢形成，再指导行业法治人才在具体的行业实践中思考和解决法律实务，实现各行业的依法治理目标，促进社会和谐、维护公平正义。

二、涉外法治人才培养模式创新研究

（一）涉外法治人才培养的时代需求

为了服务于"一带一路"建设，司法部在 2017 年初提出要建立一支熟悉国际规则、具有全球视野和国际眼光的高素质涉外法律服务队伍。

第一，对于涉外法治人才的培养有利于我国参与国际规则的制定，参与建设国际法治。当前，在对外业务交往中以及在涉外诉讼中我国常常处于一种被动的局面，对于国际法律事务的分析和处理工作，国内的律师和法务人员很难胜任。

第二，国际司法实践活动离不开涉外法治人才。伴随着中国的改革开放的不断深入，未来会有更多的外国人来华进行学习、交流、工作、开展贸易，这必然导致涉外的民商纠纷和刑事案件大量出现。对于打击跨国犯罪、洗钱、反腐、毒品、反恐等领域的当事人权益保障具有重大的意义。

第三，涉外法律服务的发展需要大量的涉外法治人才，这些涉外法治人才对于维护在海外的我国公民、法人以及在中国境内的外国公民和法人的合法权益方面发挥着重要作用。

第四，国际法律交流的开展离不开法律外语人才。培养国际化的法治人才需要通过国际交流与合作的方式，重点对师生的世界眼光、国际视野、国际竞争能力、国际交往能力等方面进行培养；与此同时要将优秀的人才以及优秀的学术成果推向世界，在国际上不断提高高校在人才培养和科学研究等方面的话语权和影响力。对于涉外法治人才的培养需要从多个方面进行努力，以此才能更好地提供涉外法律服务和参与制定国际规则。

（二）涉外法治人才培养的基本要求

涉外法治人才需要具备两方面的能力，一是具有国际视野，能熟练运用外语进行沟通交流，能在国际事务中发出自己的声音，并进行有效的交流与谈判；二是熟悉国际规则，精通国际谈判，可以参与到国际法律事务之中，维护国家利益。换句话说，涉外法治人才应具备熟练运用法律英语进行交流的能力和对涉外法律事务的处理能力。

法律英语学科是法律与英语的交叉学科，涉外法治人才的基本能力是法律英语的运用能力。就目标而言，法律英语学科的培养目标是使用社会、国家发展的需要，不断培养熟悉通晓国际规则、具有国际视野、能够参与国际事务的通晓涉外法律知识、精通外语、具有涉外法律技能、能够与外方进行良好沟通合作的高素质涉外法治人才。众所周知，涉外法律工作是涉外经济活动的组成部分，法律英语则是完成涉外法律工作的重要工具。

此外，涉外法治人才应当具有家国情怀、多元知识结构和良好的世界人文素养。首先，对于中国特色社会主义法治建设，对于中国的国情，涉外法治人才应该有深刻的认识，具有解释的能力，并且深刻的认同，涉外法治人才应该是具有家国情怀的人才。家国情怀是中华民族的优良品德和优秀传统文化，这也是我国知识分子对爱国这一情感的朴素表达，在培养法治人才的过程中需要对这一传统文化进行传承。因此，涉外法治人才要更多关注国家、关心民生、了解当下，要有大胸怀、大气度、大格局，不仅把法律理解成一门技术，也要站在更高层面和格局上理解和学习法律，理解法的精神和原则，知晓法律背后的价值理念。其次，对于世界的形势、规则、发展变化涉外法治人才都要有清晰的认识、足够的理解以及超强的适应能力和赶超能力。最后，涉外法治人才应当具有良好的世界人文素养，知晓世界各国的人文地理和基本法律常识，通晓一般国际规则、能够参与国际法律事务和国际竞争，既要精通外语，也要明晰国际法律规则。

（三）涉外法治人才培养模式的创新

1. 以国际化视野培养涉外法治人才

作为涉外法治人才培养基地的高等学校，以国际化视野培养学生宽广的国际视野和世界眼光是各校人才培养的共同理念。各高校在经济全球化的背景下以实施的国际化发展战略为契机，把培养法律人才的国际化水平提高作为重要出发点。各个高校应该秉持国际化事业的涉外法治人才培养理念，对国际优质教育资源进行充分利用，注重人才培养的质量，将高端的国际合作逐渐转化为高校自身的培养人才的特色。与此同时要积极地探索涉外法治人才培养的机制和体制，积极探究项目、课程、专业建设的双学位联合培养模式以及国际合作与交流等。除此之外，还需要对优质的国际化教学资源进行引进，以此帮助法治人才拓宽视野，最大程度提升学生的国际交流水平，不断增强法治人才参与国际法律实务的能力。比如，在中国政法大学开设的暑期国际小学期，以此解决专业外籍教师不足的问题，不断提高学生的国际化学习水平。高校也应该加大对国际化课程的建设力度，通过各种方式的国际交流与合作，不断拓宽涉外法治人才的国际视野、增强国际交往和竞争能力，只有这样才能在国际人才培养以及科学研究中具有广泛的影响力和话语权。在涉外法治人才培养中强调国际化发展战略，通过国际化来提升教学水平，创新人才培养机制，提高人才培养质量，在国际竞争中求生存、求发展、求贡献。

2. "互联网 +" 思维在教学过程中得到普遍运用

法学教育可以借助新媒体新技术来开展，将法学教育教学中的传统优势与信息技术相结合，紧跟时代的潮流，不断增强教育的实践性和时代性，注重对人才培养质量的提升。尤其在涉外法治人才培养的过程中，利用互联网的优势开展国际合作交流，是提升涉外法治人才培养质量的重要途径。因此，各校在培养涉外法治人才的过程中，非常注重"互联网+"的教学理念，将现代信息技术以及社交媒体技术充分融入教学过程之中，对当前依据信息技术产生的多样化的教学方法和教学模式进行探索与推广，比如，在高校教学中采用小系教学，教师可以采用讨论式、参与式、交互式等新型的教学方法；可以推广案例教学法，注重学生的参与体验，培养学生的自主学习能力以及自身的创造能力，最大限度地提升学生在国际法律事务中的分析处理能力。例如，中国政法大学在教学过程中运用"互联网+"思维，一方面对现有的学制、学时、学分等制度性限制进行了突破，另一方面加强了学生在学术学习过程中的能动性和主动性，同时对学生自主学习的新模式进行了探索，建立和完善了"虚拟第三学期"课程运行平台，为学校课堂教学课程体系进行了补充与延伸，这在国内是首创，是一种集教学资源、网络课程、师生互动、学分修读等多种功能为一体的运行模式，有利于创新法治人才的培养方法，具有典型的推广价值和示范意义。

3. 与国外高校开展联合办学成为涉外法治人才培养的重要方式

各高校开展国际合作育人的重要途径是开展区际联合办学，通过与国外的高校开展合作，比如在人才培养目标、教学团队、课程体系设计等方面的合作来实现国际化课程的建设，促进培养外语能力与法律学习的相互结合，使得涉外法治人才的英语运用能力不断得到提高，进一步提升我国在国际上的话语权，为学生进行国际交流与合作拓宽渠道，建立各种有效机制保障学生的国际交流项目顺利实施。各涉外法治人才培养基地逐步加大与世界知名高校之间的交流与合作，建立多个校际的学生交流项目，拓展学生到国外学习和进修的平台，并通过学生项目交流带动其他领域的深入合作。

4. 提升学生的法律英语运用能力

高校在开展涉外法治人才的培养过程中，始终强调从国际化人才培养内涵出发，不断推进外语教学改革，如在开设法律英语课程方面，就包括了系列课程：法律英语视听说、法律英语阅读、法律英语写作、法律英语翻译及涉外法务谈判、涉外律师实务、审判实务与庭辩技巧、涉外诉辩文书应用、WTO法律制度与中国、ADR实务、双语模拟法庭等实务性课程，也包括到涉外业务的律师事务所及涉外企业进行社会实践和专业实习。

三、西部基层法治人才培养模式创新研究

（一）更新西部基层卓越法治人才培养理念

从国家扶贫教育的角度来说，"一带一路"倡议的实施也要求国家对西部地区法律院校方面重新定位，改变国家政策重视的不足，加大对区域核心级法律专业院校在国家政策、教育经费投入、人才引进和人才培养计划上的支持，树立起西部地区法治人才培养的共同体理念。

（1）东西部地区高校应共同承担起西部基层法治人才培养的共同体理念。法治是治国理政的基本方略，法学可为社会共同体成员提供共享知识，由共享知识催生的共享思想、共享概念体现了共建社会主义法治国家的命运共同体理念。东、西部地区法学教育存在各自的比较优势，应共同探索建立适应西部基层法治人才培养的各种主客观条件。

（2）对于实务部门参与西部法治人才的培养要落实到整个培养过程之中，对相关的法治实务部门的协同育人责任进行明确划分。例如，实务部门应结合西部地区法治发展的实际情况，根据地域性、针对性、需求性、实用性和可靠性等人才需求特点，实质性参与西部地区法治人才培养方案的制定、共同完善法学专业课程体系设置、共同编写适合西部地区法治建设的专门法学教材、共同参与知识教学与实践教学团队建设、共同建设实训实习平台，特别是涉及相关政府部门特别是主管部门的统筹协调和通力配合支持，是一项复杂的系统工程，不能一蹴而就，需要不断在改革中探索，在探索中完善。

（3）东西部地区法学教育资源应共同分享、互惠合作、均衡发展。首要就是从理念、制度、资金分配上改变教育资源分配不均的情况，建立专项经费确保高校法学教育的软硬件建设。此外，东西部地区法学院校可建立长效的合作交流机制，共同为西部基层法治人才的培养出谋献策，以全面推进依法治国方略在西部的深入实践。

（二）改革教学课程设置

一方面，西部基层法治人才的课程设置应面向西部、面向基层。如在制定培养方案时，应在充分了解西部地区的发展情况和特殊需要基础上，结合西部地区

法治建设的实际需要设立特色专业和特色学科，可以结合西部地区独有的社会知识、人文传统、民族关系、风俗习惯、村规民约、地方语言等开设相关课程，合理设置相关民族法知识的课程，帮助学生理解西部地区法治建设的人文环境和社会风俗。在法治人才培养的课程设置方面，各法学院校应结合自身的特点和办学宗旨，制定适合西部地区法治建设的个体化、差异化的培养方案和培养机制。

另一方面，大力加强法学实践教学。西部地区高校应当与当地的法院、检察院、律师事务所等法治实践部门协同合作，创办实践教学基地，并通过制度化的方式，确保实践教学的成效落到实处，从而不断提升西部基层法治人才的职业技能，提高西部基层法治人才培养质量。特别是对于西部卓越法治人才的培养而言，更需要注重法治实践能力和法治思维的培养，实践教学是基本途径。唯有如此，才能更好地发挥卓越法治人才在法律工作和法律服务中的典范价值和示范效应，做好西部地区法治建设的推动者和排头兵。

（三）改革法学理论课程的教学方式方法

基于"下得去、用得上、留得住"的培养目标，应当改变传统的讲授方式，而辅之以案例教学、实践教学、互动教学、体验教学、诊断式教学等方法。与经济较为发达的城市地区相比，西部基层更多属于传统的熟人社会、人情社会，传统宗法治度和习惯法的作用较强，因此西部地区法治人才培养应当注意各种社会规范对于西部地区法治建设的影响。这就要求承担西部基层法治人才培养任务的法学院校就西部地区法治建设的专门问题建设案例教学库，尤其是西部基层地区的典型案例，以促进学生针对西部地区的特点，更好地掌握相关地域法知识，同时能够适应西部基层的文化传统，熟练运用西部地区法律与政策思考分析问题和解决问题，处理好西部地区法治建设中的特有问题。

总之，西部基层卓越法治人才培养应立足西部地区实际，以西部民族地区的法治建设、经济发展和社会需求为导向，采取分类培养机制，形成鲜明的实用性特征，创新人才培养机制应以此为出发点。故此，西部地区法学院校应继续发挥各校在基层法治人才培养方面的资源优势，以培养法治人才的法律职业技能为核心，加大复合型、应用型法治人才培养的力度，不断推动"高校—实务部门"协同育人机制，与实务部门共同设计人才培养方案、共同组建教学团队、共同编写实践性教材、共同评估法治人才培养质量的机制和体制，并从制度层面做好保障法治实务部门在人才培养方面的深度融合，立足于西部地区社会实际，结合西部地区法治发展的特点，创新法治人才培养机制，提高法治人才培养质量。

第三节　法治人才培养的课程体系

一、法治人才培养课程体系的特点

（一）将"立德树人"理念贯穿全部课程之中

全面依法治国的实现离不开德法兼修的法治人才队伍的建设。法治理论实现的主要途径就是以知识教学为主的法学教育。对此，在对法学课程体系进行改革的时候需要坚持以中国特色社会主义法治理论为指导，坚持走中国特色社会主义法治道路。改革的入手点在于法学专业课程体系的改革，不断加强对法学专业课程体系的建设力度，重点培养德法兼备的新型法治人才，在全部的课程中融入"立德树人"理念，与此同时要不断提高统编教材的水平与质量。比如，为了推进习近平新时代中国特色社会主义思想，在中国政法大学开设了课程为"习近平新时代中国特色社会主义思想与当代中国"的本科生通识主干课，将习近平新时代中国特色社会主义思想"进教材、进课堂、进头脑"，深受学生的欢迎和喜爱。

（二）着重培养法治人才的法治实践能力

《普通高等学校法学类本科专业教学质量国家标准》是由教育部发布的文件，在这份文件中明确指出了法学教育的培养目标，要求法学类专业人才培养要适应中国特色社会主义的法治体系，要坚持立德树人、德法兼修，要符合建设中国特色社会主义法治国家的实际需求。培养应用型、复合型、创新型法治人才和德才兼备的后备力量，培养具有扎实的专业理论基础、合理的知识结构、熟练的专业技能的人才，培养的法学专业人才应该具备科学立法、公正司法、依法执政、依法行政、高效优质的法律服务能力以及创新创业能力，并且熟悉和维护中国特色社会主义法治体系。总而言之，法治人才实践能力的培养是当前中国特色社会主义法治队伍建设的客观要求。对于法治人才来说，实践能力就是可以将所学的理论知识在实践中进行运用，理论与实践相结合，将知识灵活地运用到专业实务之中，这应该成为法治人才的基本技能，成为法治实践的一项重要能力。

二、法治人才培养课程体系的改革基本要求

（一）符合"立德树人""德法兼修"的价值导向

培养什么人，如何培养人，历来是法学教育的根本问题。因此，在法学课程体系改革中也应思考这个问题，并将之作为课程体系改革的问题意识和行动指南。

一方面，社会主义核心价值观应该成为法学课程体系改革的价值导向。社会主义核心价值观在法治人才培养的道德标准上提出了明确的要求，也为培养"德法兼修"的社会主义多元法治人才指明了方向、明确了目标。"立德树人"，即通过法学教育中的道德教育，实现对法治人才的社会公德、职业道德和个人品德的培养。同时，法学课程体系改革应以促进"立德树人、德法兼修"法治人才培养的实现为目标，逐步树立起法治人才的法治观念、法治信仰和法治思维。因此，在课程体系设置中，既要重视教材编写中"立德树人"的相关内容，强调社会主义核心价值观在教材中的指引和向导作用，培养全面依法治国所需法治人才的法律职业道德；又要在课程设置中突出"德法兼修"的意涵，加强法治理论及法治建设的原理性问题研究，深入分析中国的现实情况以及复杂的问题，形成具有中国风格、中国气派、中国特色的法治人才多元化培养的课程体系。

另一方面，法学课程体系改革应立足于我国国情与法治实践，共同致力于德法兼修的中国特色社会主义多元法治人才培养目标的实现。历史发展的经验表明，法学课程体系的中国化是创新法治人才培养机制中特别关键的环节。这就需要探索在现有的法学学科体系中融入社会主义核心价值观的可行路径和方法，同时在各个分支学科中提取、归纳、总结有关中国特色社会主义的部分。在制度层面、原理层面、规则层面，在立法环节、执法环节、司法环节、守法环节等对中国特色社会主义核心价值观进行落实。与此同时，对于相关的课程体系改革还要根据当前中国的实际情况、当下中国社会的发展进行改革，不断形成具有中国特色的社会主义的适应性、开放性的法学课程体系，将中国特色社会主义融入各学科之

中，贯穿于各课程体系之中，将其与专业知识体系进行有机的、深入的融合。这一任务也有待各部门法的学者在深刻掌握本学科、课程内容的前提下，结合中国特色社会主义法治理论和实践，予以具体化。因此，在法学课程体系改革的过程中，吸收和借鉴世界上的优秀法治文明成果，取其精华，去其糟粕，对于其中优秀的部分进行吸收和转化，摒弃空洞化、教条式的法学教育，将世界法治文明发展的有益经验和优秀成果进行借鉴吸收，实现与中国特色社会主义法学理论体系、学科体系的良好衔接。

（二）符合全面依法治国所需多元法治人才培养目标

法治人才培养课程体系建设必须怀有"立足本国法律，面向本国实际，解决本国问题"的人文情怀和家国意识，在法学专业各课程中贯彻和体现"中国化"。要突破西方古典六法体系，结合中国具体情况和时代需要，改革法学课程体系，解决本国问题。

第一，以人的自由全面发展为目标，法学课程体系改革应贯彻"以人为本"的理念。这就要求在法学教材编写和法学课程设置的时候应贯彻以人为本原则，应以人的全面发展为核心，以人的权利、人的属性、人的尊严、人的价值为重心，而不是限制人、束缚人，其终极目的就是通过改革法学课程体系，实现多元法治人才培养的基本目标，尊重法治人才的特殊性和独特性，不断提升法治人才的主体意识，使法治人才获得自由全面的发展。

第二，法学课程体系改革应尊重法学教育和法治人才培养的基本规律，在形成精炼的法学核心必修课程体系的基础上，根据多元法治人才的培养目标设计课程体系，保证法学专业知识结构的完整性。法律职业共同体首先是一个知识共同体，有着共同的专业理论知识、相同的法治思维、共同的法律语言，接受过专门法学教育和职业训练的知识共同体。这个知识共同体的构建基础就是法学专业课程体系，其中最重要的就是法学核心课程体系。在全面依法治国的背景下，社会所需多元法治人才对法学知识结构的完整性提出了更高的要求。在此基础上，法学课程体系的改革需要以法学专业核心必修课程为基本框架，不断遵循法治人才培养的基本规律和法学教育的基本规律，确保法治人才培养的多元化和专业知识结构的完整性和系统性，为法律知识共同体打下基础。

第三，法学课程系统改革应积极回应时代需求，以开放性、多元化法治人才培养为指导，更好地适应国家治理现代化对法治人才的需求。改革前的法学核心课程体系设置在中国法学教育发展初期发挥了重要的指导作用，对依法治国和建设社会主义法治国家起到了积极推动作用，但由于现阶段社会经济的迅速发展，在国家治理现代化的新形势下，原有的课程体系设置已经难以适应四个全面的战略布局，无法满足全面依法治国所需的多元化法治人才的需求。在坚持自身办学特色的基础上，各培养单位要明确自身的人才培养目标，整合优势学科的资源，形成内容丰富、形式多样的法学选修课模块，以此保证学生自主学习和成长的需要，并着力开发多个选修课程模块，提高学生的法治实践技能。对于传统法学学科与新兴法学学科的设置进行平衡，大力发展交叉学科与新兴学科，充分建立起各个培养单位的人才培养特色和自主性，可以鼓励各高校根据自身的办学定位制定符合自身特色的人才培养目标，对于多元化人才培养所需要的教材进行编写。

第四，高校的法学课程体系建设必须坚持"立德树人、德育为先"的指导，对学科和专业进行科学的合理的设置，实现"高等法学教育坚持专业教育与通识教育并重、大众化教育兼顾精英教育"。当然，还可以借助当前的网络技术以及信息技术，不断更新和改进教学方法，在实际的教学中不断增加实践课程的比重，比如增加实习调研课、案例课的比例，实现多元化法治人才培养体系的建构。教学材料的编写工作的基础是国家统一的法律核心教材，根据不同的地区不同的学院不同的学生采取不同的教育模式，做到教材编写的因地制宜，为不同层次的多元化法治人才提供共享的教学平台和个性化的选择菜单，实现与社会要求的法治队伍建设的现实需求充分对接。

三、法治人才培养课程体系改革的重要意义

（一）全面提高人才培养质量的核心要素

在现代高等教学体系中，课程是所有知识传递的载体，是高等教育提升质量的关键抓手。在法治人才培养模式各要素中，课程体系构建是一个核心要素，它关系到法治人才的知识结构与能力水平，关系在深化全面依法治国实践中高校应当向社会培养和供给什么样的法治人才的大事。我国传统的法学教育形成了以法

学专业知识传授为主的理论教学课程体系。其主要的构建依据是部门法的划分，具体表现为理论法体系与应用法体系、实体法体系与程序法体系的课程模块，课程目标非常直接，即帮助学生掌握法学专业的基本理论知识。但是，在以知识传授为主导的课程体系的授课过程中，教师在教学中容易偏重知识讲解而忽视对学生实践技能的培养。因此，要适应全面依法治国的要求，需要培养德法兼修的多元法治人才，首要就是对课程体系进行改革，逐步构建起符合全面依法治国德法兼修多元法治人才培养要求的法学课程体系。在法治人才培养的系统工程中，人才培养规格的实现、培养目标的实现以及人才素质结构的建立的基本环节就是法学课程体系建设，在整个法治人才培养的过程中法学课程体系无处不在，法学课程体系也是保证法治人才培养的重要前提。对此，应该加强对法治人才培养机制的创新和改革，不断提高法治人才的培养质量和水平，实现第一法学专业课程体系的优化。

（二）深化法学教学改革的前提条件

法学教育改革涉及法学教育理念、教学模式、教学方法、教学手段等诸多方面，其中课程体系的改革是深化法学教学改革的前提和基础。因为，法学专业课程体系重构，可以实现法学教育各要素如目的、课程、教学、评价等教育模式的重构和不断优化，加深法学教育改革，特别是在法学实验教学方面，根据全面实施依法治国的需要创新法治人才培养的课程体系，具有战略性意义。法学实验教学是指在我国法学教育过程中开展的旨在训练学生法律实践技能的教学模式，它是与理论教学互相衔接、互相支撑的法学教学体系的一个重要组成部分。从性质来说，实务训练是法学实验教学的性质，表明了法律实务与法律教育之间的内在的、密切的联系。从教学目的上来说，法学实验教学的核心目标是训练、提升学生的法律实务技能，是法学教育中的实践性教学。从其在法学教学体系中的地位来说，法学实验教学是法学教学不可或缺的组成部分，它是与法学理论教学密切相连的教学任务的延续。法学实验教学意味着法学教育由单一的知识型教育评价标准向全面素质型评价标准的转变，其目标的具体实现，可以以法学实验课程的特点为依据设计法学的课程要素、课程目标、教学方法、教学环节等方面。

（三）创新法治人才培养机制的关键

课程体系是法治人才培养方案的核心，培养什么规格、什么素质的法治人才，最终都要落实到课程体系之中，法治人才培养方案的创新也主要体现在课程体系的创新方面。在全面依法治国的大力推进下，需要大量德法兼修的、多元化的法治人才，基于此，法学类的人才培养也需要坚持德法兼修、立德树人，法科学生不仅要具有扎实的专业理论基础和熟练的职业技能、合理的知识结构，而且通过学习应当具备从事法律工作的良好职业技能、高效高质的法律服务能力与创新创业能力，这显然离不开与之相适应的课程体系建设。改革现有的法学课程体系，一方面需要与时俱进的理念，将法治理论和实践的最新成果融入法学课程体系之中；另一方面需要完善的配套机制的建设。基于多元化法治人才的培养目标，教材的开发编写与实践教学环节的设计都需要相关配套的机制，以保证课程体系的改革效果。换言之，学生通过系统地学习法学专业课程，可以掌握法治思维和批判性思考的方法，养成良好的道德品格、健全的职业人格、强烈的法律职业认同感和维护公平正义的责任感，方能更好地建设中国特色社会主义法治国家。

第四节 法治人才培养评价机制和保障体系

一、法治人才培养评价机制

（一）以学生为中心的评价对象机制

1. 结果评价对象——学生

（1）从"投入导向"评价到"产出导向"评价

当前，高等教育应该由传统的教师中心转为"以学生为中心"，实行新的教育教学模式，在国际高等教育教学中的关注点更应该是学生和学生的需求，在教育改革中使学生成为主要的参与者。在21世纪，"以学生为中心"的新理念必然会对世界范围内的高等教育产生深远的影响，建立健全我国法治人才培养评价体系，也应当秉承"以学生为中心"的理念。

（2）从"严进宽出"到"严进严出"

要严格对学生的评价，使大学教育回归常识，还应当从制度上给教师更大的自主权和决定权，给教师更多的安心和保障，让教师敢于对学生严格要求。只有"严进严出"的大学，才能培养出合格的法治人才。

2. 过程评价对象——法治人才培养共同体

学生是法治人才培养的结果，结果的好坏是培养工作成败的最终判断标准。但是，这并不意味着培养过程本身不值得被关注。结果固然至关重要，但是过程本身也有独立的价值，因此，完善的法治人才培养评价体系还应当包括对培养主体的评价。

相对于作为"结果"的法治人才而言，培养主体实施的教育行为都属于"过程"，因此对法治人才培养主体的评价属于过程评价。过程评价主要是考察培养主体在教育学生和培养人才的过程中主观态度是否认真、勤勉、尽责，客观上是否为学生提供了充分的学习条件和有效的指导，包括培养主体为了培养法治人才投入的物质性资源、配备的师资、搭建的教学平台或者教学基地等硬件；培养方案、课程设置、教学方式方法、师德师风以及教学态度等软件。并且，过程评价也应当坚持"以学生为中心"的原则，无论是硬件还是软件，合格或者优秀与否最终还是要看是否能够为学生所利用，帮助学生成长为全面推进依法治国所需要的高素质法治人才。

（二）以结果为导向的行业法治人才评价标准机制

1. 行业法治人才评价标准

制定行业法治人才培养评价标准是不同行业表达对法治人才能力、素质、知识技能等要求最直观、最有效的方法。高校和社会按照该标准分类培养，其"产品"一定是最贴近行业需求的法治人才。

2. 超越司法中心主义的多元评价标准

中国与其他国家一样，司法活动或者诉讼活动都是法律实践活动的核心环节。但是，全面实施依法治国，建设法治国家和法治社会需要的不仅仅是司法人才，而且诉讼不能解决一切法律问题，法治国家和法治社会需要解决的也不仅仅是法律问题。因此，"司法中心主义"的培养模式已经无法满足全面实施依法治国对法治人才的需要，而与之配套的评价标准也不能满足当前人才培养目标的需要。鉴于此，对于法治人才培养评价标准的完善应当坚持"去司法中心主义"，面对不同的行业的人才需求，相应地制定出多元化、科学化的评价标准。

3. "隐性""显性"并重的指标体系

优秀的法治人才一方面要有丰富的、系统的专业知识储备以及娴熟的技能，另一方面要起到带头表率的作用，通过实际的行动带动社会尊重法律、遵守法律、崇尚道德。培养法治人才教育的根本任务是立德树人，不仅帮助学生提高其自身的专业水平还需要培养学生优良的品质、高尚的节操，在整个教育过程中贯穿"健全人格教育"的理念。"卓越法治人才培养计划2.0"特别强调了法治人才所应具备的"隐性"的要素，基于这一要求的新变化，各类评价指标体系应当相应增加对学生法治理念、法律伦理以及社会责任感等要素的考核和评价，真正做到专业技能与法治理念的同步，"隐性"与"显性"并重。

二、法治人才培养保障体系

（一）法治人才培养保障体系的现状

1. 经费保障相对不足

政府财政资金的投入不足是制约法治教育工作开展的重要因素。长期以来，我国政府在法治教育工作上的资金投入明显低于国际水平，我国的法治培养经费来源包括政府的教育经费拨款、学校自己的办学经费、社会企事业单位上缴的教育经费和社会服务经费这几个方面。

2. 法治人才培养主体身份转换机制不畅

"卓越法治人才培养计划2.0"提出要进一步完善协同育人机制，破除培养机制壁垒。切实发挥政府部门、法院、检察院、律师事务所、企业等在法治人才培养中的作用。然而，仅仅依靠法学院校和法治实务部门的双向交流机制来打造中国特色的法治人才培养共同体是远远不够的。已经实施几年的"双千计划"并未取得预期的效果，一个很重要的原因就在于，现有的编制管理体制制约了短期双向交流的效果。要真正建立起法治人才培养共同体，应当先打造法律职业共同体，破除法官、检察官、律师、高校教师以及其他法律工作者身份转换的壁垒，促使不同职业的法律工作者能够比较容易地实现身份和职业的切换，共同融入高等学校法学教育工作之中。但是，从目前的情况来看，唯有法官、检察官或者高校教师向律师身份转换相对较容易，法官、检察官和律师转为高校教师，或者高校教师、律师转为法官、检察官都面临着非常高的门槛，这不利于法治人才培养共同体的形成。

3. 法学教育与法律职业就业衔接机制不力

法学教育与司法考试和公务员考试之间的关系，一直是使人们感到困扰的问题。若想担任公检法机关的公务员，除了要通过法律职业资格考试外，还要通过公务员考试，这样的双重考试制度使得大部分学生望而却步，大多数法学毕业生会选择在通过国家统一法律职业资格考试之后，直接进入律师事务所中工作，而非挤破头去参加公务员考试。这样的考试情况不仅导致社会资源的浪费，而且使得大部分优秀的法学生源流向社会，甚至会出现选择从事其他行业的现象，这就违背了法学教育的初衷。法律行业从业人员本身就具有专职性和精英性，大量的法学专业毕业生在接受了系统的职业教育后却难以进入法律职业，法学教育与法律职业就业衔接机制的断层也是法学专业就业率长期处于垫底位置的重要原因之一，实在不利于法治人才培养的可持续发展。此外，我国现有的法科学生实习制度也未能充分发挥就业桥梁的作用，这就导致了两方面的不利后果，一是实习单位及带教实习生的法律工作者没有足够的热情去教授实习生；二是实习生也没有足够的动力去认真实习，以求获得良好的表现。针对这一现状，"卓越法治人才培养计划 2.0"明确提出了法治实务部门有接收、指导学生实习的职责，对此，法治实务部门要推动建立健全接收法学专业学生实习的制度，建立健全法学专业学生担任实习法官助理、检察官助理等制度。

（二）健全法治人才培养保障体系

1. 完善法学教育与法律职业的衔接机制

（1）法学教育及时回应法律职业资格考试要求

2018 年以前，我国法律从业资格考试制度先后经历了律师资格考试和司法考试两大阶段。从 2018 年开始，国家司法考试正式变更为国家统一法律职业资格考试，中国也正式进入了"法考时代"。对司法考试进行从内容到形式的变更，背后是契合了中共十八届四中全会中提出的依法治国，建设更高水平的法律专业人才的需要。将现行司法考试制度调整为国家统一法律职业资格考试（以下简称法考）制度，寥寥数字变更，其背后的意蕴深刻。从表面上看，这项改革提高了法律职业的准入门槛，丰富了法律职业队伍的人才梯队，但其最核心的亮点应该是越来越靠近法律职业共同体的建设。在法律职业人员的入职资格上，无论是法官、检察官、公证员，还是律师和仲裁员，都应当通过法考，取得法律职业资格，才能从事相关的职业。这就意味着从事上述职业的人员必须经过专业的法律教育和培训，具有辩证的法律思维模式、掌握共同的法律语言系统。这无疑对于提高司法队伍素质、深化司法体制改革、推进依法治国进程起到了积极的作用。

"法律职业资格考试"在水平上更加突出专业化，在考试内容上也更加贴近实际案例，不仅要求考生掌握足够的专业知识，更要求考生拥有严谨的法律思维和缜密的法律逻辑，防止出现从业人员在通过考试后遇到真实案件却无从下手的尴尬处境。随着法考改革的不断深入，未来对于非法学专业人士参加考试做出更多的限制，这也反映出法学专业的培养方式愈发趋于精英化教育，为了保证法学专业的良好发展需要不断提高法律人员的从业门槛。显而易见的是，法学教育、法学人才培养模式会因为这次变革产生深刻的变化与影响。

（2）通过提高考试门槛提升法学教育地位

国家统一法律职业资格考试取代司法考试之后，最显著的一个变化就是改变了报名的学历和专业资格条件，提高了报名的门槛。过去司法考试只要求报名者具备本科以上学历，本科可以是非法律专业，只需具有法律专业知识即可，无论法律专业知识是通过在高校辅修或者双学位的方式获得，还是通过自学获得。国家统一法律职业资格考试则要求没有法律工作经验的报考者拥有法学本科的学历，或者是获得法学类硕士及以上资格。报考门槛的提高反映出国家对从事法律职业的人员其法学知识基础的重视，此举无疑提升了高等学校法学教育的地位，对促进法治人才培养工作，提高法治人才培养质量有着积极意义。

（3）通过法律职业资格考试倒逼教师水平提升

经过漫长的时代变迁，我国法律职业人员的范围经历了从无到有，并逐步扩大的过程。第一阶段，在20世纪80年代以前，无论是法官、检察官还是律师，国家对其职业资格的取得都没有明确的规定或者要求，在此阶段我国并没有真正意义上的法律职业人员。第二阶段，法律职业人员仅限于律师。1996年通过的《中华人民共和国律师法》规定实行律师资格考试制度，从事律师行业必须先通过律师资格考试。第三阶段，法律规定担任法官、检察官和律师的职业人员必须通过司法考试，法律职业人员的范围得到进一步扩大。第四阶段，国家统一法律职业资格考试制度实施阶段，职业人员的外延几乎涵盖了所有直接与法律相关的职业。如果从法治人才培养共同体的构成成分这一角度来看，法律职业人员可分为法学教育工作者和法律实务工作者。在统一法律职业资格考试制度实施之前，组成法治人才培养共同体的个体成员中多数是无须通过职业资格考试的，但是，却是由这些不具备法律职业资格的人从事法律专业教学，培养将来会从事法律职业的学生。这一看似有些荒谬的情形正是长期以来高等学校法学教师队伍的现实。也正是由于高校教师无须强制通过统一司法考试，因此不少法学专业教师在教学中存在重理论、轻实务，重应然、轻实然的偏好。国家统一法律职业资格考试制度扩大了法律职业人员的范围，尤其是对更大范围的法律职业提出了强制性的资格要求，未来应该逐步将这种强制性要求扩大至高校从事法学教学的教师，这样能够倒逼高校教师强化自身的法律应用能力，提升法律实践教学的水平。

2. 构建法治人才终身教育机制

（1）建立职前教育与职后教育的衔接机制

第一，加大教育制度改革的力度。首先，要建立灵活的教学方式和多层次的教学制度，转变长久以来单一的法学教学机制。鼓励综合实力较高的学校建设法治实践教育基地，增加案例教学的比例，提升与实务部门的合作力度，使学生可以提前了解实务的工作流程。其次，要逐步完善法律职业人员的职后教育方式。职前教育和职后教育应该是一个整体，不能因为入职就结束教育的过程，而是应该继续进行下去，在职后教育中进一步理解之前自己所掌握的知识，并且与自己的工作结合起来，建立法治人才的职后教育体系是一项需要持续坚持下去的任务。在不同的时期法治工作人员在职后教育过程中有自身独有的发展特点和发展态势，这就需要制定出不同的培训目标，进行有针对性的、阶段性的培训，对于刚刚入职的法律工作人员来说，他们缺乏一定的工作经验，在这个阶段的培训目标应该着眼于提高其专业水平和能力上。已经工作数年的法律职业人员已具备了一定的实务经验，此时的培养目标应该定位于培养法治意识，提高理论水平和创新研究能力。

第二，优化课程设置。在法治人才培养的职后教育方面，课程设置需要具有实用性和合理性。由于职后教育的接受者都是已经参加工作的法律人员，所以在课程设置上要与职前教育区分开来，突出职后教育的特殊性，要注重培养在职人员的自主学习和自主探究的能力，主动思考自己在日常工作中所遇到的问题。在课程上要具有合理性，不同的课程内容之间要具有内在联系，能够形成一个完整的知识链条结构。

第三，加大资金投入。财政支持是法治人才培养过程中必不可少的组成因素之一，为衔接职前和职后教育提供了有力的保障机制。在职前和职后教育中，侧重点存在差别，职前教育更加注重师资力量，重视基础教学设施与教学资源的建设，把职前教学理论与实践相结合的理念深入落实。职后教育的重点在于与社会工作相结合，重视实践基地的建设与发展，为法治人才培养提供源源不断的资金支持。

（2）完善在职进修和攻读学历学位的认可转换制度

第一，国家政策支持。我国对全日制和非全日制研究生做出了界定。二者在入学考试、上课方式、修业年限等多项方面都进行了细致区分，明确规定全日制和非全日制研究生毕业时，在达到国家规定的学位标准即可以申请相应的学位证书、毕业证书。对于这两类的研究生应该保持相同的培养标准和考试招生政策，保证学历证书有着相同的效力和法律地位。

第二，政府财政保障。全日制和非全日制研究生在收费制度和贷款补助方面实施不同的标准。对于非全日制研究生，我国明确要求进行全成本收费，其收费标准参照全日制来进行划定。在贷款补助方面，并未对非全日制研究生进行开放，在奖学金的竞争方面我国有着公开、严格的审核程序，要经得起学生的检验。

第三，学校加大重视程度。在职研究生自身存在着特殊性。在职人员利用周末及节假日时间进行学习，学习时间较短；受家庭因素影响，在职人员的学习时间不固定；在职人员由于其工作专业性的影响，对在实践中不经常用到的知识遗忘较多，难以重新进行系统学习；一部分在职人员进行深造只是为了使自己的履历更加饱满，功利主义的色彩丰富；在职研究生通常都是用工资缴纳学习学费，因此大多数的研究生更加倾向于如何更好地赚钱，而不是更好地获得更多知识。

学校在培养在职研究生方面要采取相应的培养方式，使在职进修人员能够真正学到专业知识，所获得的学历证书能够与其知识相符合，从而得到社会的认可。

（3）建立学校教育与社会教育的互动机制

法学是一门实践性很强的学科，学校在教学实践中既要传授法学基础知识，也需要传授实务理论。通常而言，学校教授实务理论的主要方式是实习，但是实习时间很短暂，而且存在一些高校对实习不重视的情况。这就导致法学专业毕业生在就业市场中的竞争地位下降，难以找到满意的工作。针对这种情况，国家出台一系列政策保障法治人才的培养，如卓越法治人才培养计划、鼓励高校建立法学实践教学基地、"双千计划"等，将高校的课堂教学与社会的实务教学结合起来，让学生通过大学学习能够从容面对专业问题。

我国高校的法学专业在建立学校教育与社会教育互动机制的同时，应当充分汲取国外的经验，结合学校自身的实际情况，发挥自身的政策、资金和人才优势，真正落实法治人才培养计划，培养出符合社会要求的复合型法治人。

（4）改进教师继续教育制度

首先，各高校建立教育基地培养本校教师。多元化的机构模式可以充分利用市场决定资源配置来淘汰陈旧的教育机构。其次，建立"互联网＋"的培养方式。充分利用大数据资源，为教师的继续教育提供更加前沿、高端的知识课程，进而促进教学方式、教学手段和教学模式的变革。

3. 推进人才培养区域平衡制度

（1）促进东西部地区均衡协调发展

相关政府服务部门也应该真正参与到西部地区法治人才培养的过程中，建立健全协同育人的相关保障机制，落实法治实务部门的协同育人责任。结合西部地区法治发展的实际情况，根据地域性、针对性、需求性、实用性和可靠性等人才需求特点，实质性参与西部地区法治人才培养方案的制定。保障西部地区法学教育专项资金的投入力度，增加对西部地区高校教学资源的财政支持，为条件尚不完备的高校提供优质的教学设备，加快建设法治人才实践培养基地，保证教学条件，充分利用现代技术进行教学活动。设立相关的奖金奖励制度，对法学专业提高奖项的奖励幅度，鼓励优秀的学生前往西部地区高校进行深造，以财政支持力度的加大来带动西部地区法治人才培养的进步和发展。

（2）在国家层面建构教师跨地区交流机制

第一，完善相应的法律规定。教师跨地区交流机制作为一项应该长期坚持的政策，要有法律法规在其中起到兜底保障的作用，采用硬性规定使得程序能够不断得到完善，建立合理有效的流动程序，既采用人性化管理的同时，又能够确保教师交流的强制性和义务性，使得交流制度公平、公正、公开，尽量减少出现教师利用交流机制以谋求职位晋升的情况。

第二，加强制度保障。近年来，政府对于加强东西部地区高校教师的交流工作越来越重视，不断加大交流力度，同时也出台了许多政策和制度，用来帮助教师交流制度的推行。但是，从颁布的政策来看，对教师交流机制中主体的地位、权利和义务没有做出详尽的规定。国家、高校和教师本身应该在交流活动中承担怎样的责任也没有做出相应的规定。政府要对教师交流机制中各个主体的权力和进行明确，加强制度上的保障。

第三，提高资金投入。保证教师的工作积极性，在提高学生成绩的同时保证教师可以安心工作，提升教学水平，服务学生与教学工作。政府工作部门也要切实保障交流教师的工资和补贴得到落实，保障教师利益不受侵犯。

第四，改进人事制度。我国目前的教师人事制度是由各地人事部门统一管理，教师的档案和教师绑定在一起，一般情况下不会轻易变动。因而，在建立跨地区的教师交流机制中需要对教师的管理体制进行完善，针对教师交流期间的职务晋升、编制、福利、奖金、收入等方面的问题进行有效的解决，并且明确教师的职务制度以及人事管理制度，解决教师的后顾之忧，使教师可以安心开展教学工作。

（3）政府主导建立互惠共赢的资源共享机制

第一，引入市场化配置机制。在法学教学资源的配置中，可以采用市场化的方式来进行，发挥市场的决定性作用和基础性作用，将社会资源引入到办学主体之中，为了使高校实践教学资源不断增加，可以通过校企共建、捐赠等形式来实现，各个高校应该形成自己的资源优势，为机制的运作提供前提条件。同时发挥政府在宏观调控方面的作用，尽量减少政府对高校资源分配的干预，加快"去行政化"进程，赋予高校更多的办学自主权，政府的职能更加趋向于起到保障和兜底作用。

第二，强化政策引导。以共享为核心的高校资源共享机制缺少相应的法律法规，并且没有相应的权利、义务、责任方面的配套设施，绩效考核以及相关的奖惩机制也并不完善。为了支持高校的发展可以采取制定法律法规、公共财政拨款、政策倾斜等方式。对高校教育资源共享的法律法规以及政策体系进行完善，在共享过程中对各个高校的权利和义务进行明确，切实保护参与主体的利益；为了引导更多的高校参与共享，可以对高校给予相应的财政补贴和优惠政策，建立以经济利益为核心的共享激励机制。

第三，加大资金投入。在当前的高校资源共享机制中，在资金方面，未建立经济运作模式，这使得有偿共享所得再投入的运作模式与真正的社会服务有很大的区别，主要的问题就是缺乏资金的支持。政府在参考共享资源相关数据之后才会对高校投入经费，保证资源利用率。只有将实践教学资源共享转化为高校自身的内在需求，才能激发高校主动建设共享机制的积极性与热情。

第五章 法治教学创新发展

法治教学创新的发展一定要站在更高的角度来进行，本章一共包含四部分的内容，依次是法学信息化教学探究、法治课程教学优化、法学教育混合教学模式、法学教师教学质量提升。

第一节 法学信息化教学探究

一、构建信息化课程教学模式

首先，教师为课堂的主导者，教师要坚持问题导向，帮助学生不断提高解决问题的能力和水平。在信息化教学中，教师要充分利用教学资源，精心设计，一方面要保证教学具有趣味性，保证教学的知识量足够；另一方面也要为学生提供实用性强、简明的、容易获取的资料。在设计教学资源的时候，教师要做到：一是提线，这就要求教师凝练知识点，对知识点进行编排，可以使用"必学必做"等标记的方法，为学生呈现出最重要的、最基本的课程内容。学生通过自主学习，对案例有关的法律知识进行学习和掌握，因此形成基本的法律思维；二是拓展，教师需要为学生提供更加丰富的拓展练习，可以提供以下资料帮助学生拓展：法学家讲座、必读书籍、法治专栏视频、法官办案经验等。

其次，以学生为中心，学生在教学中处于主体地位。教师可以采用教师驱动的模式来引导学生独立思考，去发现知识，养成法律的思维。在以学生为中心的教学模式中，学生和老师的地位是平等的、独立的。在这样的教学模式中，教师是知识的建构者，学生在老师的引导下积极学习新的知识，完善自身的知识体系，师生之间和学生内部共享权利，学生与老师共同完成课程的建设任务。在以学生为中心的教学模式中，面对学生的个性和学生的多样性，教师应该秉持尊重的态度，加大对学生思维能力的培养和专业技能的提高，为学生学习营造良好的合作的环境。学生进行学习的主要目的就是在友好的环境和氛围中，养成良好的思维和增强自身的能力，以获得成长进步。当前的信息化教学中的资源具有以下特点：开放性、超文本性、跨时空性，这对新型教学模式的推进非常有利。

一是信息化教学资源具有开放性，学生和老师可以根据时代和社会的发展及时更新信息平台上的教学资源，将新的知识纳入课程资源形成重要组成部分。二是信息化教学资源具有超文本性，信息技术会形成多样的知识冗余，这些知识可以让学生自己选择，实现学生的个性化学习。三是信息化教学资源的跨时空性，学生可以根据自身的学习需求，对自己的学习时间自主安排，根据自身的学习能力和学习进度安排学习的内容，并且可以与老师进行实时交流，与同学进行讨论。以法学司法实践为例，司法实践一方面对法律规则的准确性要求较高，另一方面对思维能力的合法性也有着严格的要求。在当前的法学学科中，有14门核心课程，组成这些课程的基本上属于技术性规范，很少涉及道德性规范，这些课程的逻辑性很强，操作性强，因此具有较大的学习难度。

建设信息化教学资源有利于扩大学生的知识量和增加知识覆盖面。建设以学生为中心的教学模式需要很多条件，其中关键在于学生具有一定的知识基础。在中国，高考是义务教育的成效评价标准，学生只对需要高考范围之内的课程知识与内容进行掌握，缺乏严谨的治学精神，掌握的课程知识基本是表面的，缺乏深度和宽度，很少会涉猎高考之外的知识。法学课程不属于高考范围，因此，学生在学习法学课程之前没有相应的法律知识基础。当学生接触到法学时，他们认为这是一门枯燥和晦涩的课程。但是，如今信息化教学让学生的观念发生了转变，学生通过手机或者电脑可以对感兴趣的学习资源进行学习和获取，可以利用网络平台做好课前和课后的准备工作，不断提高学习的积极性和主动性。在信息化的教学平台中有很多有趣的学习资源，可以引起学生的学习兴趣，这也帮助学生理解枯燥的技术性规范。学生可以通过提线和拓展快速掌握学习的内容，在遇到困难的时候学生可以向老师求助，这就使得师生之间的沟通更加顺畅、方便。

二、信息化教学资源建设质量优先

信息技术可以在大范围人群中促进资源的流动。高校对于教师建设资源秉承鼓励的态度，但是有时候会出现忽视课程质量，片面追求课程数量的情况。这种现象在建设法学课程中也会出现，对于法学课程而言，教学资源十分容易获取，但是因为教学往往盲目追求数量致使课程资源的质量非常低，在繁杂的资源中没有办法将最新的研究成果展现出来，对于法律实践的要求也没有办法满足。在建设法学课程的信息化教学资源的时候应该着重体现法学领域的最新研究成果，符合法律实践要求是法学课程建设的最低标准，资源的建设不仅要注重质量问题还要关注数量问题。

第一，做好规划。高校在着手建设资源的时候，应该有明确的规划，并且细化每位法学老师应该建设的课程，并进行审核，避免出现资源重复建设的问题。在法学专业一共有14门核心课程，高校在进行法学资源建设的时候需要保证这14门课程都有专门的教师团队对资源进行建设。

第二，丰富内涵。规划做好之后，对课程的内容需要教师团队进行细致、准确的梳理，保证每一门课程都重点突出、内容翔实、框架明确、案例突出。因为法学课程的内容非常多，而且有很多的法条，这就需要教师队伍对这些课程内容进行梳理，丰富和提高教学资源的内涵与价值。为了提高教学资源的内涵价值可以通过评价教学资源质量的方式来实现。

三、教学平台建设和教师队伍建设同步

超星泛雅、学堂在线、毕博等都是当下的在线教学平台种类。首先，超星泛雅这个平台提供了很多可以选择的课程模板，并且鼓励和支持多位老师共同建设一门课程，操作较为简单实用；其次，学堂在线，这个平台上的风格与板式比较落后和老旧，观看视频必须要下载才能观看，功能简单；最后毕博这个平台，在讨论板块为教师开设了管理权限，这样教师就可以对学生进行管理，师生可以实现异步沟通答疑。在对教学平台进行选择的时候，高校应该选择易操作、具有强大功能的平台。同时，高校应该在教学平台建设完成以后或者是在建设完成之前对教师队伍进行有计划的、有层次的、分批次的技术训练，与此同时还需要在教师队伍中培养可以对信息技术进行应用的技术骨干。对此，高校可以将喜爱计算机、热衷于教学改革、计算机水平较高的青年教师组织起来，对其进行进一步的、深层次的培训，使之成为骨干力量。高校要做好教师团体提高应用信息技术能力

的准备条件，最大限度激发起教师建设信息化教学的积极性，对信息化教学模式不断进行完善，提高教学的质量和水平。当前的信息化教学资源建设主要包含以下工作内容：前期的设计、开发，后期的维护与更新。对信息化教学资源做好日常的维护，一方面可以保持资源的活性，另一方面可以提高资源的利用率，更重要的是可以提升网络上高校的声誉和品牌。

四、技术合作与资源共享

技术合作与资源共享模式是指在信息技术层面多所高校通过合作互助的方式完成建设教学资源的任务，多所高校之间可以实现对建设完成的教学资源的共享，这种模式基于"合作共享、互利共赢"的理念。对于技术合作而言，并非所有的教师都要参与到信息化教学资源的建设当中。首先，对于一些具有较强信息化教学能力的老师而言，可以率先建设一批优质的、高质量的教学资源，不仅可以为后续的信息化教学资源建设提供可以借鉴的经验，而且还能在广大教师中树立榜样，以此调动起其他教师的建设信息化教学资源的积极性和主动性，提高信息化教学的能力。其次，信息技术层面的合作大多体现在多所高校之间深入的交流和沟通。在交流和沟通的过程中不断提高教师的教学水平，实现师生间的互动，培养学生的自主学习的能力。再次，对于技术合作而言，并不是平均分配，而是使每一位教师的优势得到充分的发挥。教师的角色在整个的建设教学资源的过程中是不同的。高校中的学科专家、技术专家、行业专家、教育学专家等人在合作中产出优质的教学资源，每一位教师的任务和承担的角色是不同的。最后，建设信息技术教学资源并不是重复的建设，重复建设会对人力、物力造成极大的浪费。

资源共享首先体现在高校的学生对于资源的获取资格是平等的。高校中不管是学科资源还是专业的教学资源均呈现开放性的特点，学生可以根据自身的情况对学习资料和资源进行自主选择。学生如果在平台上未找到自己所需的资源，可以提出申请，后台的工作人员在收到申请之后会帮助学生在信息教学资源库中进行查询，帮助学生找到自己想要的资源。其次，消灭高校间的差别并非资源贡献的目的，因为各个高校的办学宗旨和师资力量有所不同，高校之间的差别可以促进激励机制的良好形成，可以更好地提高教学资源的质量和水平。再次，资源共享的过程是一个循序渐进的过程，因为各个高校的信息化教学资源建设的时间有先后之分，需要对各个高校的资源建设进行不同步性考虑，选择合适的时间一步步实现资源的共享。最后，资源共享不仅包含物质层面的共享还会涉及精神层面的共享；不仅包含信息化资源库中的课程知识的共享也包含信息化的教学方法、教学理念的共享。

五、实现在线教育的资源集合与共享

在线法学教育质量及效能的全方位提升离不开平台载体的不断完善。如前所述，我国目前的在线教学平台发展存在网站繁杂、区域范围内差异性较大、法学课程建设相对薄弱等现实阻碍，在很大程度上制约了在线法学教育的开展与实施。基于此，本书认为，可以对现有的法学课程资源进行集约化处理，在国家层面上重点支持建设慕课等知名度较高的平台，将散见于其他诸多平台中的法学课程统一纳入至一个集中的平台，可以有效减少学生在选择课程平台时的茫然感。

综上所述，国家级的平台可以考虑遵循"两步走"的分阶段发展路径。具言之，在国家级的平台中，首先，将现有的散见于各个非地方性平台中的课程资源予以整合，此阶段的任务即是将教育部规定的法学核心课程予以纳入，将相关优质的核心课程上升到国家层面，以此对各高校在核心课程的开展、讲授过程中发挥指导性的作用。其次，相关特色课程的设置、内容的确定等方面显然与地方特色以及各高校特色密切相关。因此，在国家级平台建设之初，基于平台资源的有限性，往往无法一蹴而就。在各地的特色课程已经在各省级平台中完成"先行先试"并比较成熟之后，再由国家平台予以吸收不失为一种可行的路径。在这个过程中，强调省级平台的构建原因即是希冀各省级平台能够发挥"过滤器"的装置性作用，从内容、实施情况、质量等方面对相关特色课程予以审核把关，及时"过滤"部分不符合要求的课程资源。将符合特色课程要求的资源与国家级的平台相互动态性对接，以此实现优质资源的有效传播与共享，最终达到实现教育公平的目标。

此外，当前的线上线下混合教学模式总体由国家教育主管部门进行宏观指导，应致力于提升法学课程在相关平台内所占的比重，鼓励各个高校积极开发相关的在线课程。但此种要求并非于一朝一夕之间可以达成，一个较为可行的路径是通过两个具体的步骤实现这一目标。首先，要实现法学核心课程在线上的全面覆盖，当前在不少高校开设的教育平台中尚未涵盖教育部规定的法学核心课程，不利于学生系统掌握法学学科的相关知识。其次，在此前提下，应当鼓励各个高校形成各有特色的法学在线课程体系。在特色课程体系的构建过程中，理应着眼于把握法学学科的时代性表征，诸如开设一些结合互联网、区块链等新兴技术手段的课程，抑或是具有交叉学科视野的特色课程，全方位发挥特色课程对新时代法律人才培养的指引作用。

第二节　法治课程教学优化

一、优化理论教学课程体系

（一）思想政治理论课程

为了巩固马克思主义在意识形态领域的指导地位，深入贯彻落实习近平新时代中国特色社会主义思想和党的十九大精神，教育部在 2018 年的 4 月印发了《新时代高校思想政治理论课教学工作基本要求》，要求在法学课程体系的设置中的思想政治理论应该遵循以下的基本要求。

1. 明确指导思想

坚持以马克思列宁主义、毛泽东思想、邓小平理论、"三个代表"重要思想、科学发展观、习近平新时代中国特色社会主义思想为指导，高举中国特色社会主义伟大旗帜，全面贯彻党的教育方针，落实立德树人根本任务，将高校思想政治理论课教学工作摆在更加突出的位置。

2. 坚持基本原则

坚持基本原则，坚持正确的政治方向，要不断强化思想政治理论课的价值引领作用；将思想政治理论课贯穿全流程，贯穿于课前、课中、课后的各环节；坚持规范化的政治建设，建立健全思想政治理论课教学工作制度；坚持增强学生的获得感，保证思想政治理论课的教学有情有义、有棱有角、有虚有实、有滋有味。

3. 严格落实学分

在本专科开展思想政治理论课实践教学，应在本科生思想政治理论课现有学分中分配出来 2 学分，从专科思想政治理论课中划分出 1 学分。

4.合理安排教务

思想政治理论课的众多课程要有序安排、衔接。原则上，本科生应先学习基础课和纲要课，然后学习原理课和概论课；大学生每学期都要上形势与政策课。

（二）通识课程

当前对于"通识教育"学术界还没有形成统一的规范性的表述。一般来说，"通"即通达、通晓、沟通、贯通的意思；"识"即学问、辨别、见识、智慧的意思。因此，从字面上来看，"通识"就是说对不同领域的知识都通晓，仅着眼于知识的获得，注重全面人格的培养，通识教育是运用人文学、社会科学、生物科学及物理科学四大方面的概念、思想、知识及方法，重新设计一套融会贯通的课程，让每一位修习这套课程的大学生，都有可能使自己内在的各种禀赋、潜能、情操、需求及意志，获得高度的发展与实现，并启蒙及开发自我与他人、社会、自然及超自然相关联，从而使个人之社会的、自然的及超自然的意义获得最大的拓展。大学通识教育可以让学生形成更广阔的个人自然观、人生观、生命观和价值观，从这方面来说是一种自我启蒙、自我开发、自我发展、自我完善、自我拓展的全人教育。根据《普通高等学校法学类本科专业教学质量国家标准》以及本专业的专业特点和社会的实际需要，为法学专业设置一定数量的通识教育课程学分。通识类的课程需要涵盖范围较广，包含外语、计算机、体育等相关的课程，让社会科学、人文、自然科学等合理、均衡设置。

1.人文性

通识课程所具有的人文性是由通识教育的性质决定的。根据《普通高等学校法学类本科专业教学质量国家标准》，对于法治人才的培养知识方面的要求是要对人文社会科学、自然科学的基础知识有所了解，对于本专业的基础知识和基本理论要牢固掌握，形成合理的、整体的知识框架和结构。作为所有大学生应普遍接受的教育，通识教育的主要目的在于实现受教育者的自由全面发展。通识课程以人为起点，重视对人的培养、塑造、完善，因而应该具备广泛而深刻的人文关怀和内涵，通识教育课程构建的原则是人文性。而且，教育的终极目标中就有使个体成为具有民族精神、爱国情怀、国际视野的人，成为尊重他人、尊重人性，遵守人道主义的人。通识教育的目的是在自由社会中培养健全的个体和公民，是确立人的主体性使人与其所生活的客观世界互为主体性的教育。

2. 知识性

知识是人类历史文明发展的集中体现，包括人文社会科学和自然科学的基础知识。教育的目的主要是传授知识，提高学生的综合素质和理论素质。因此，通识课程的体系是多元而复杂的，应涵盖人文艺术、社会科学和自然科学等几乎所有基础学科的相关知识。

3. 系统性

高校法治人才培养的教学理念和教学目的直接反映在系统性这一特点上，系统性也体现出了不同院校的办学定位和不同的人才培养特色。第一，教学目标具有系统性。国内多数高校一般只对通识课程做总体的要求，没有与之对应的课程具体要求，因此，应当加强通识课程的系统性建设。第二，课程的规划要有系统性。对待通识课程与专业课程高校应该同等对待，对课程进行整合，建立起专业课程与通识类课程、通识类课程之间的逻辑关系。第三，通识课程设置的系统性，客观要求所有院系都应共同参与通识课程体系的规划建设，由学校教务管理部门进行统筹规划。

（三）专业课程

以《普通高等学校法学类本科专业教学质量国家标准》为标准，法学专业核心课程要采取"10+x"分类设置模式。"10+x"中的"10"主要指的是法学专业的学生在大学期间必须要学习的包括法理学、中国法律史、宪法学、民法、刑法、民事诉讼法、刑事诉讼法、国际法、行政法与行政诉讼法和法律职业伦理在内的10门必修课。"x"主要指的是根据办学特色开设的其他专业的，包括经济法、商法、知识产权法、国际经济法、国际私法、劳动与社会保障法、环境资源法、证据法和财税法等必修课，高校在设置"x"的时候，在原则上应该保证设置的数量不低于5门。各个专业可以根据自身的优势和学科特色来设置专业必修课学分。专业选修课和专业必修课之间应该是一种拓展与延续的关系，并且可以组成课程模块，学生可以自主选择进行修读。各专业可独立设置专业选修课体系。要鼓励跨专业、跨学科的交叉课程、新型课程和创新创业课程的开发。

二、优化实践教学课程体系

法治课程是一门实践性很强的应用性学科，实践实训教学课程体系在整个法治专业人才培养方案中具有十分重要的支撑作用，是整个法治专业人才培养体系的重要组成部分。

（一）实验课和实训课

目前，法治教育课程的授课方式主要是以传统的讲授式为主，学生缺乏训练，而且法治基础课程讲授时以理论阐述为主，与实践中发生的案例，包括法律逻辑分析的训练结合相对来说是不够的，尤其是民法、刑法、行政法等课程，学时虽已较多，但因课程内容庞杂，往往基础理论都讲授不完，更不用说在课时之内运用较多案例训练学生的法律逻辑思维能力。因此，根据《普通高等学校法学类本科专业教学质量国家标准》的要求，对于法学各个专业而言应该加大实践教学的力度。在理论教学课程中应该改革教学方法，设置一些教学实践环节，增加案例教学的比例，在理论教学中增加法律方法训练，加大模拟训练的力度，对于各专业课中的创新创业教育要进行挖掘和开发。为了加大对教学的实践力度，可以采用以下实践教学方法：法律诊所、模拟法庭、专业实验室、校外实习基地、实训基地，也可以在教学中独立设置实训课程。

（二）专业实习

（1）有重点、分行业建设一批高质量、高水平的示范性实习基地。衡量高质量、高水平的标准主要在于两个方面：一是实习单位是否在行业内部具有代表性；二是法学院与实习单位合作的紧密程度。

（2）示范基地建设。有选择、分层次深化已建立的实习基地的关系。第一，与实习基地建立稳定的联系机制。第二，为实习基地提供专业服务，使实习基地单位感到双方的合作是真正的双赢。第三，聘请实习基地专家担任兼职教授。实习基地专家不仅为学生做学术报告，参加学生毕业论文、实习论文答辩，还组织学生进行各种讨论交流，不断巩固双方合作的基础。

（3）分步骤、有体系地构建法治院学生实习制度体系。实习是学校教学工作的重要组成部分，是理论教学的延伸和拓展。同时，进一步完善实习考核管理制度，明确学生实习的具体内容、标准要求和考评办法，未通过实习考核的不得毕业。海外实习是涉外法治人才培养的一个重要途径。

（三）社会实践

根据《普通高等学校法学类本科专业教学质量国家标准》的相关要求，各个专业应该以本专业的实际情况为依据，可以开展和组织多种形式的法治宣传教育，让学生在活动中了解生活，在活动中提高自身的社会责任感，提高社会参与的能力。在整个社会实践的过程中，实践时长需要大于4周。根据新时代中国特色社会主义法治人才培养的要求，培养的法治人才应该具备获取专业知识的能力、不断学习专业相关知识的学习能力，可以将所学习的专业知识和理论灵活地运用到实践中，提高专业实务的基本技能；具备可以利用创造性的思维来开展研究工作的能力和创新创业的实践能力；具备较高的外语能力和计算机运用能力。以上这些能力的养成需要不断在社会实践中获得。法学专业的学生应该在社会实践中养成法治思维，同时培养自身的法学研究方法，让学生养成良好的道德品质和健全的人格，具备强烈的职业道德感、责任感和使命感。

（四）毕业论文

对于法学专业的毕业论文（设计）可以根据《普通高等学校法学类本科专业教学质量国家标准》要求，采用调研报告、学术论文、毕业设计、案例分析等多种体裁形式完成。对于论文的选题需要对问题导向进行强化，鼓励学生根据自身的社会实践、自身的兴趣方向以及当前社会中的热点问题进行毕业论文的撰写工作，在指导老师的指导下完成论文。毕业论文的设计应该对所学的专业知识和理论进行综合运用，在撰写的时候应该遵守学术规范，秉持道德原则。各个专业应该为学生派出专业的毕业论文指导教师，在学生完成毕业论文的各个环节，比如选题、开题、撰写等给予学生指导和相应的检查，不断加强学术的规范。由此可见，毕业论文写作中也应当注重学生的知识素养和实践技能，使学生在论文写作过程中不仅能够关注现实的社会问题，而且会根据现实的条件去思考和践行解决问题的方法，从而在思想、能力和道德等多方面全方位培养学生的法律职业伦理，培养有理想、有价值、高素质的法治人才，以适应全面依法治国所需法治人才的要求。

第三节　法学教育混合教学模式

一、建设符合法学专业特色和学生学习特点的在线课程

要想成功推广法学混合教学模式，首先，是教师要根据学生和法学教学的特点，在上课之前制作内容丰富多彩、形式多种多样的教学课件，这样不但可以满足线上平台建设的需要，而且可以满足线下课堂的运用。只有这样，才能有效地培养学生的自主学习意识与提高自主学习的能力，让学生脱离原来的被动学习，转化为主动学习，对新旧知识进行融会贯通，可以有效提高学习效率和学习的积极性。与此同时，还能帮助学生养成良好的学习习惯，让学生独立自主地进行学习，找到适合自身的学习方法，培养学生终身学习的意识，对终身教育的发展有着积极的作用。

值得注意的是，打造法律在线课程要注意时间的长短，在线课程要增加趣味性，并提供给学生可以讨论的机会。线上课程的实施主要是为了调动起学生学习的积极性和主动性，增强自主学习的意识和能力，对所学的知识有彻底的了解和把握，只有这样才可以使学生在线下的时候跟紧教师的教学进度，不断提高学习效率。

二、构建以"学生为主体"的混合教学模式

高校开设法学教育最重要的一个目的就是培养既对相关法律条款熟悉掌握又能够解决一些实际问题的专业法律人才。要真正实现这一目的，须在法学教育中构建以"学生为主体"的混合教学模式。简言之，在法学教育中开展线上线下混合教学模式，一方面可以充分发挥好学生的主体作用，教师做好混合教学设计，给学生提供诸多内容丰富、形式多样的教学资源，供学生自主选择和学习，促进学生的个性化发展，挖掘学生自主学习的潜力，鼓励学生积极通过互联网等途径解决法学问题，促进学生的自我成长。另一方面，教师在这个过程中发挥主导作用，成为学生学习路上的引导者、教学活动的组织者，及时给予学生正确引导，在充分调动学生学习积极性的同时，培养学生独立的法律思维和创新思维。

三、设计符合法学教学内容的混合式学习活动

首先，做好线上线下混合教学的法学教学内容的管理和设计，根据法学教育的目标、内容和标准，设计出不同的线上线下教学模式。

其次，根据法学课程特点和学生情况，充分利用线上法学教育资源丰富的特点，通过微课、动画、音频、视频、教学资源库等向学生推送相应的法学教学内容，鼓励学生主动学习和个性化学习。

再次，采用云课堂、微信等与学生互动，学生可以在线留言或者发表自己的看法，也可以讨论交流，进行自测等，这样既有助于学生学习效率的提高，同时让学生的学习不再受到时间和地域的限制。

最后，在线下教学中，可以向学生提出互动的教学问题，引导学生通过互联网技术查询相关问题和背景，注重互动教学，提高学生的动手操作能力，并鼓励学生之间交流和讨论，帮助学生更好地理解和记忆相关的法学知识，并应用相关知识解决法律问题，提高运用法律解决实际问题的能力。线上与线下的相互配合和相互补充，既增强了法学教育的互动性、趣味性和实际操作性，也大大提高了法学教育效果，这样才能在真正意义上发挥活动的教学功效，让在线互动与课堂交流融合，实现线上与线下教育资源的共享。

四、实现个性化培养方案

目前的法学人才培养方案缺乏针对性。法学专业的大学生学习需求是各不相同的，大学毕业后学生的去向主要分为继续深造和参加司法实践两种。教师建设信息化教学资源的过程中，可以考虑这两种不同的需求，以实现对学生的个性化培养。在课堂教学中，教师掌握授课节奏，个性化培养很难实现。在信息化教学中，学习节奏由学生掌握，个性化培养就容易实现。首先，针对毕业后继续深造的学生，教师应重点分析技术性规范背后的法律精神和原理，将法学理论上传教学平台并提醒学生，推荐学生阅读法学名家的经典著作。其次，针对毕业后参加司法实践的学生，教师应重点进行案例教学，将典型案例及分析思路上传教学平台并提醒学生，推荐学生阅读法官等法律实践者的办案笔记。教师对学生区别对待，因材施教，才能最大程度地满足学生的不同需求，实现法学教育的目标。

五、完善考核评价制度

信息化教学模式下的法学课程教学评价体系，应摒弃以教师为主、纯粹知识性考核的传统评价方式，构建"多元主体与多元标准相结合"的评价机制。评价主体由教师、学生以及平台第三方共同组成。教师可通过题库进行选题或者在线编辑试题，试卷包括客观题、主观题、案例题等。题的属性包括类别、难度系数、适用层级等。学生可以在线完成试题并提交，老师可以在线布置和批改。这是考核评价中的"结果性"评价。学生在教学平台观看视频时可与教师讨论交流。教师可在讨论版块解答学生疑问，指导学生学习，师生共同构建新知识，在这一过程中教师对学生作出"过程性"评价，学生对教师进行评教，教师依靠评教结果及时有效地调整改善教学方法，以推动课程教学进步。通过建立多元化的考核制度，可以全方位考核教师的"教"，学生的"学"与"做"，培养学生的法律思维，提高解决问题的能力，实现法学课程的教学目标。

六、推动教育理念的宏观转型

对于传统的高等教育人才培养目标来说，大多具有功利性与短期性，没有注重个人的长期需要和发展需求。而人才的培养具有长期性，只有坚持可持续发展的教育理念，才能实现个体自身的可持续发展。当前教育领域内的"微观化"与"地方化"倾向导致了不同省份之间、不同院校之间于在线教学以及在线法学教育课程建设方面产生的巨大差异，不利于在线教学的可持续发展。

总体而言，在混合式教学"新常态"的背景之下，推动教育理念朝着宏观意义上的可持续发展理念转型需要沿着以下几条具体路径进行。首先，包括教育主管部门、师生、各高校之内的各方主体需要树立传统教育与在线教学"并驾齐驱"的观念，在这一观念的引导下开展相关的工作，着力推进包括法学课程在内的在线课程向着覆盖面更广、层次更深的局面转变。在这一过程之中，要着眼于缩小不同省份、不同院校之间在在线课程方面的差异，为教育公平的实现注入新的活力。其次，实现在线法学教育的高质量发展也应当是可持续发展理念的题中应有之义。就在线法学教育中的课程构建而言，在完成了涵盖相关核心课程之后，还要致力于提升相关课程的质量，鼓励各个高校结合自身学科特色开设一系列富有特色内涵的法学课程，与互联网等学科有机结合起来，鼓励进行跨学科、宽视域下的课程建设。最后，可持续发展也体现在对法律人才要求的提升之中。法科学生个体自身的可持续发展也是教育成效的一个重要缩影，卓越法律人才的成功培养离不开对时代特征的把握。因而当下的教育理念理应改变传统的人才培养目标，以提升实践技能为导向，推动法律人才自身的可持续性发展，提升法律人才的核心竞争力，进而能够实现法律人才紧密贴合司法实务，与依法治国的时代特征相向而行。

七、构建体系化的配套激励机制

配套机制的缺失在一方面表现为法学精品课程数量的稀少；另一方面也体现在在线教学模式的实际效果尚未达到"尽如人意"的层次之中。教育事业的优先发展在各个主体"独善其身"的境遇下显然无法实现，它离不开教育主管部门、教师、学生三大主体之间的"协同互动"。因而，在精品课程的建设中，教育主管部门可以采取包括经费支持等多种形式在内的扶持举措，促进省域范围内的各个高校积极致力于精品课程的建设。在这一过程之中，各个高校在注重自身传统优势学科的发展的同时，也要努力形成多学科共同发展的目标体系。在相关课程开展的过程中，还要注重经验的总结与升华，为后续其他学科申报精品课程提供可以借鉴的样本。此外，在由"底层结构"迈向"上层结构"的过程中，不可或缺的一个步骤即是对"中层结构"的有效展开，因而在相关的配套性激励机制中也理应涵盖对5G、互联网等技术手段的探索与运用，唯有如此才能使得在线教学以更为有效、便捷的方式融入教育新常态的发展过程。

配套性激励机制并非局限于对前述精品课程的支持，还应当贯穿在线教学发展过程的始终。教育主管部门亦应主动与相关的课程平台建设方面进行有效对接，出台一定的课程准入机制，将质量较低的课程阻挡在在线平台的视域范围之外，改变目前在线课程开设良莠不齐的现状。在此基础上，建立相应的课程动态考核评价机制，可以结合学生的参与人数情况、学生的评价反馈等因素，将一部分课程淘汰出局，实现在线课程领域内的"优胜劣汰"。就学校层面而言，应当着力建立起实时的效果评价反馈机制，此种效果评价机制应当实现"全流程可见"。

第四节 法学教师教学质量提升

一、提高教师水平

近年来，在高校里有些任课的法律老师，并未接受过较系统的法律专业的教育，使法治教育工作难以有效地开展，这不利于提升学生的法律素养。法治教育是一项政治性、理论性、知识性、实践性很强的综合性教育，不仅要有明确的目标、规范的内容和相对稳定的教育渠道，而且必须有受过正规培训、具有一定理论水平和实践经验的法律教师队伍。高校的法律教师不仅要深谙学校教育规律和学生成长规律，而且要具备比较系统的法律学科知识和较高的法律素质。为此必须重视提升大学法律任课教师的水平。

一是对法律课教师进行系统培训。对高校没有系统学习过法律课而从事法律课教学工作的教师，应对他们进行系统的培训，经法律课程考试合格后方可上岗。要积极创造条件、配套相关制度，为教师的进修深造创造良好的条件。

二是全面提升教师备课教案水平。高质量的教案是保障和提高教师教学水平的基础。教师的教课安排准备直接体现在讲课中，教师在准备课程的前期付出的辛勤劳动会间接地反映在教案中。教师编写教案的过程，是教师在认真、反复研读教科书和相关资料的基础上，按照教案规划整理、理解安排和表达知识的过程。应要求法律课教师按照教案的规范要求编写教案，应按照学生接受知识的特点和要求递进的方式进行。突出教学的重点内容、难点解析。教案在逻辑上要严谨，层次上要分明，知识要系统，语言要生动、规范，图示要完整，教具准备、课时分配、课件或板书内容等都务求充分，举例要简洁生动、准确，方法应新颖、活跃。教案中还包括教学目的，相关问题在学术界的不同观点、社会实践前沿及学术动态前沿，使学生了解本学科的基本内容、基本知识、基本线索、重点内容等等。教案的编写还应随着社会实践的发展不断精炼和完善。教师的知识水平、价值观念决定了教案的水平及程度。要编写好的教案，教师应充分发挥自身的主观能动性，不断提升自身的业务水平、思想素质、政治素质。

三是实践教学师资队伍培养。应努力提升实践教学的规范化水平，减少教学活动的随机性、零散性，搞好实践教学，打造一支优秀的实践教师队伍。应加大资金投入，建设一批优良的、规范化的法律实践教学师资队伍，满足高校人才培养的需要，法治教育应加强实践性教学环节。

四是改进和创新教学方法。教师在传授法律知识的同时，要紧密联系实际，采取多种教学模式，比如运用启发式教学，让学生成为课程的主体；或者采取模拟法庭，进行角色扮演、模拟案件等，剖析重点案例、以案说法、对真实或模拟案例进行课堂分析和讨论，让更多的学生通过观察、评论、角色转换和辩论等方式，从中学到有用的知识。也可开辟第二课堂教学，组织学生参观监狱，旁听有关刑事、民事、经济、行政案件的审判活动，让学生在面对面的亲临感受和事实分析中自觉获得价值判断，以此潜移默化地影响学生待人的态度和处理有关问题的方法。可开办法律实务讲座、沙龙，应结合学生的学习内容，安排一定的法律务实讲座，邀请有一定知名度的法官、检察官、仲裁员、律师到校讲课。还要组织法律学术沙龙，对影响重大的案件展开师生对话式讨论。通过这些活动训练学生的分析判断能力、语言表达能力、创新思维能力。

五是注重和搞好案例教学。传统教学法主要以讲授为主，作用毋庸置疑。但讲授法的局限性在于其将学生置于被动学习的地位，对学生独立思考和创新精神的培养不足。传统的讲授法造成信息流动单向，容易出现满堂灌的现象。案例教学法的推广是与信息技术和多媒体技术的应用推广相伴而生的，在激发学生学习兴趣与创造性思维，调动学员学习的主动性和积极性方面都优于讲授法。案例教学通过互动的教学方式，使学生加深对所学法律知识的理解和把握，是一种理论联系实际的有效教学手段，同时也是培养学生综合素质能力的有效途径之一。这是改变原有的教学方法，最大限度地采用灵活多样的教学方式，将枯燥的书本知识演化为与实际生活密切联系的案例，以案促学，以案教学，教学互动，使学生真正学到有用的知识。教师将课程内容设计成各种场景、案例让学习者掌握专业知识，并能够理论联系实际，灵活掌握专业知识。教师在教学中必须紧紧抓住学生的特点，因势利导，调动学生的学习积极性。

二、构建课堂教学质量监控体系

课堂教学是学校教育的主要形式，课堂教学质量直接影响学校合格人才培养目标的实现。如何切实有效地提高教学质量和及时了解教学活动的真实状况，成为教学管理工作的重要课题。建立课堂教学质量的监控体系应坚持全面性和系统性。由于教学活动是动态的过程，影响课堂教学质量的因素涉及许多方面，只有对课堂教学整个过程的各个环节进行有效的监控，并将影响课堂教学质量的各项因素都纳入监控体系设计中，才能让监控体系对提高课堂教学质量发挥作用。同时，要对监控对象、实施方法、实施机构、参照标准加以整体分析和综合，从而保证质量监控的有效运行。教学质量监控内容，应首先监控教师的师德。教师的素质、师德是教师的灵魂，要充分利用监控措施加强教师的师德建设。从源头上促使教师自觉提升自身素质进而提高教学质量，建立多元化、鼓励教师创新发展的课堂教学质量评价体系和标准。学校也应通过定期评选教学名师活动，树立典型、鼓励先进，激励广大教师不断进步。

应注重教师的师德监控。教师在讲授法律课时，不能用西方的法律体系来简单地套用我们的法律体系。我们要建立的是中国特色社会主义法律体系，它包括的全部法律规范、它确立的各项法律制度，必然要求以体现人民共同意志、保障人民当家作主、维护人民根本利益为本质特征，这是社会主义法律体系与资本主义法律体系的本质区别。对待外国的法律，不能简单地、不加分析地照搬、照套，需要能加以研究、借鉴。我国的法律体系是动态的、开放的、发展的。实践没有止境，法律体系也要与时俱进，不断创新发展。中国特色社会主义还处于发展与完善过程中，社会主义市场经济体制也处于发展和完善过程中，经济社会的快速发展，社会主义民主政治的不断推进，文化生活的丰富多彩，和谐社会的积极构建，体制机制的改革创新，对立法工作提出了新课题、新要求。积极推动社会主义法治理念教育，弘扬社会主义法治精神，树立社会主义法治理念，增强师生学法、遵法、守法、用法意识。明确不同层次的教育要求，培养大批既有深厚研究造诣，又有丰富教学经验的师资力量，真正使社会主义法治理念"进教材、进课堂、进学生头脑"。将社会主义法治理念的本质内涵和基本要求纳入教材之中，开设社会主义法治理念教育必修课，努力培养具有坚定正确政治方向的中国特色社会主义事业建设者和接班人。

三、树立以学生为本的教育理念

坚持学生是学习的主体，以学生为本，就是要求以学生的利益最大化为目的，以充实学生的生活为目的，突出学生的全面发展。以现代人的视野培养现代人，以全面发展的视野培养全面发展的人，这是现代教育的基本价值。法律基础课的教学要注重趣味性、实践性、直观性、艺术性、创造性以及学生的自主独立性等多方面，全面增强教学效果，使学生们正确地行使权利，自觉地履行义务，知法、守法、依法办事，这样才会成为社会需求的合格人才。

参考文献

[1] 崔晓静.闭环式涉外法治人才培养模式的探索与创新 [J].武大国际法评论,2022,6(02):21-35.

[2] 陶然.高素质涉外法治人才培养机制的构建与创新 [J].产业与科技论坛,2021,20(23):237-238.

[3] 刘丽娟.涉外法治人才培养视域下的法律英语教学创新探析 [J].山西省政法管理干部学院学报,2021,34(04):99-100.

[4] 孟奇勋,鲍一鸣.新文科背景下卓越法治人才培养路径研究 [J].科技创业月刊,2021,34(08):107-109.

[5] 彭江辉,吴倩文.基于 OBE 理念的法治人才培养实践教学模式创新探索 [J].教育观察,2021,10(25):99-102.

[6] 刘艳红,欧阳本祺.创新法治人才培养机制的目标、理念与方法——以法律人个体成长规律为中心 [J].法学教育研究,2016,14(01):101-114+390.

[7] 王世涛,王黎黎.大数据时代法学案例教学模式创新 [J].航海教育研究,2021,38(02):82-86.

[8] 张显伟,谢承烜.理念优化、模式创新与师资夯实:卓越法治人才培养的路径研究 [J].南宁师范大学学报（哲学社会科学版）,2021,42(03):91-99.

[9] 张曙光.西北地区高校涉外法治人才培养机制创新研究 [J].法治与社会,2021(14):167-168.

[10] 叶青.统筹国内法治和涉外法治坚持全要素法治人才培养 [J].新文科教育研究,2021,1(01):115-123+144.

[11] 陈梦如.基于创新人才培养视角的初中道德与法治教学活动开展策略分析 [J].考试周刊,2021(12):107-108.

[12] 学习"习近平法治思想"与法治人才培养 [J].法学教育研究,2021,32(01):2.

[13] 张美赞.创新创业背景下高校法治人才培养模式研究 [J].营销界,2020(16):111-112.

[14] 冯果 . 新理念与法学教育创新 [J]. 中国大学教学 ,2019(10):32-36.

[15] 董娟 , 李俐娇 . 论习近平法治人才培养观 [J]. 哈尔滨学院学报 ,2019,40(07): 1-7.

[16] 葛琳 . 创新法治人才培养机制下的商法教学模式改革研究 [J]. 福建教育学院 学报 ,2018,19(10):88-91.

[17] 王晓敏 , 邓春景 . "依法治国" 背景下高等农业院校法治人才培养创新机制 研究 [J]. 山西青年 ,2018(04):37.

[18] 李亚 , 窦衍瑞 . "一带一路" 背景下高层次法治人才培养创新 [J]. 经济研究 参考 ,2018(08):68-73.

[19] 覃晚萍 , 唐歆 . 创新创业教育改革背景下民族院校法治人才培养探索 [J]. 百 色学院学报 ,2018,31(01):137-140.

[20] 卢代富 , 杨青贵 . 法学类人文社科研究基地法治人才培养的需求错位与机制 创新 [J]. 经济法论坛 ,2017,19(02):259-268.

[21] 夏锦文 , 徐英荣 . 法官助理制度改革需求与法治人才培养创新 [J]. 法 学 ,2017(12):29-36.

[22] 王允武 . 法治人才培养机制创新与法学教育协同推进——以改进民汉双语法 治人才培养机制为视角 [J]. 西南民族大学学报（人文社科版）,2016,37(01): 98-104.

[23] 贺赞 . 涉外法治人才培养机制创新——以课程体系建设为中心 [J]. 中国法学 教育研究 ,2017(02):3-11.

[24] 孙结才 . "法治中国" 视域下创新法律人才培养机制探究 [J]. 长春大学学报 , 2017,27(05):102-106.

[25] 夏金莱 . 多元协同培养：高校法治人才培养机制创新初探 [J]. 法治社会 , 2017(03):65-73.

[26] 彭艳兰 , 张思 . 依法治国与法治人才培养机制的创新 [J]. 东方藏品 , 2017(03):102.

[27] 梅哲 , 王志 . 创新法治人才培养机制 [J]. 红旗文稿 ,2017(05):30-32.

[28] 黄爱学 . 论法律人才培养机制的改革与创新 [J]. 知与行 ,2016(09):33-36.

[29] 张文剑 , 刘琪 , 饶丹雪 . 法治人才培养机制创新的现实障碍和路径选择 [J]. 中国高校科技 ,2016(09):52-55.

[30] 王美丽 . 高校法治人才培养创新机制研究 [J]. 教育现代化 ,2016,3(19):20-22.